UX/UI 디자인

완벽 가이드:

IA와 유저 플로우 편

UX/UI 디자인

완벽 가이드: IA와 유저 플로우 편

지은이 조성봉

펴낸이 박찬규   엮은이 전이주   디자인 북누리   표지디자인 Arowa & Arowana

펴낸곳 위키북스   전화 031-955-3658, 3659   팩스 031-955-3660
주소 경기도 파주시 문발로 115, 311호(파주출판도시, 세종출판벤처타운)

가격 25,000   페이지 244   책규격 175 x 235mm

초판 발행 2023년 02월 09일
ISBN 979-11-5839-400-4 (93000)

등록번호 제406-2006-000036호   등록일자 2006년 05월 19일
홈페이지 wikibook.co.kr   전자우편 wikibook@wikibook.co.kr

UX/UI 디자인 완벽 가이드:

IA와 유저 플로우 편

사용자 중심의 정교한 IA와
유저 플로우 설계 원칙과 노하우

조성봉 지음

위키북스

들어가며

평소에는 도저히 책 쓸 시간을 낼 수 없어서 노트북을 챙겨 제주도로 떠났다. 그리고 5일 동안 올레길만 걸었다. 돌아오는 비행기에서 '지금이라도 그만둘까?' 계속 고민했고, 다시 일과 강의에 파묻히면서 '책은 무슨…'하는 자포자기 심정으로 살았다. 그러던 중 얘기하기 어려운 몇몇 계기가 있었는데, 하나같이 이런 메시지를 들려주는 듯했다. "너는 그냥 도구야. 어서 해."

이 책은 UX/UI 가이드북의 첫 번째로 IA(Information Architecture)와 이용흐름(User Flow)을 담고 있다. 이어서 나올 두 번째 책에서는 UI와 인터랙션을 다룬다. 개인적으로는 이 책이 1998년에 나온 ≪Information Architecture≫(O'Reilly, 1998)[1]에 대한 오마주라고 생각한다. 글쓴이는 루이스 로젠펠드와 피터 모빌로부터 IA에 대한 기초를 배웠고, 2000년대 매해 열리던 IA Summit으로부터 다양한 정보를 얻었다. 지금은 우리나라 UX컨설팅/디자인을 대표하는 라이트브레인에 몸담고 있으면서 다양한 과제를 관리하고 있다. '이런 회사가 우리나라에도 하나쯤 있어야 하지 않을까' 하는 생각을 실천해왔다. 그래서 잘 안다. 당시와 지금은 많은 차이가 있다는 것을. 변화된 시대에 걸맞은, 변화된 내용의 IA(Information Architecture) 책이 하나쯤은 있어야 한다고 생각했다.

'메뉴 체계'가 주된 고민거리였던 그때와 달리, 지금은 정보 간 연결, 개인화/추천, UX Writing, 큐레이션 태그 활용이 중요하다. 이전에는 서비스 주도권이 거의 전부였지만, 지금은 서비스 주도권, 사용자 주도권, 개인화 3자 간의 균형을 찾는 것이 중요하다. IA는 지금 이 시대 UX/UI의 가장 큰 화두다. 새로운 검색 방법, AI에 의한 개인화/추천, 정보 간 유기적 연결은 이 시대 디지털 서비스 경험의 가장 중요한 부분이

---

1 국내에는 해당 도서의 3판을 번역한 ≪인포메이션 아키텍처≫(인사이트, 2011)가 있다.

다. 이전에는 문헌정보학적인 지식이 지배적이었지만, 지금은 좀 더 서비스 지향적이면서 AI 가능성을 활용하고, 보다 유기적이고 자연스럽게 정보와 사람을 연결해주는 흐름이 대세가 됐다.

전작인 ≪이것이 UX/UI 디자인이다≫(위키북스, 2020)는 UX/UI 방법론이 중심이고, UX/UI 각 영역에 대해서는 맛보기 정도로만 소개했다면, 이 책은 IA에 대해 깊이 있게 고찰한다. 메뉴 체계를 제외한다면 앞서 언급한 1998년의 IA 책보다 더 깊고 넓은 얘기를 다뤘다고 자부한다. 이 책을 훑어본 분이라면 그 안에 담긴 수많은 사례에 깜짝 놀랐을 것이다. 글쓴이도 이렇게 많은 예시를 다뤄보기는 처음이다. 예시의 1/3은 글쓴이의 강의 교안에서, 1/3은 동료나 교육생들로부터, 1/3은 Mobbin으로부터 가져왔다. 이 자리를 빌려 라이트브레인 CX컨설팅그룹 동료들과 '라이트브레인 UX 아카데미' 수강생분들(특히 18기, 19기, 20기)께 감사의 인사를 전한다. '라이트브레인 UX 아카데미'는 글쓴이가 가장 심혈을 기울여서 진행하는 강의다. 다행히 기수를 거듭할수록 더 좋은 결과물이 나오고 있다. 여러분도 이 책에 소개된 '라이트브레인 UX 아카데미'의 결과물을 보고 판단해 보기 바란다. 우리 CX컨설팅그룹 동료들은 말할 것도 없다. 그들은 글쓴이의 자부심이다. 특히 4명의 팀장급 리더들은 감히 UX 분야 최고의 전문가라고 말할 수 있다.

디지털 전환(Digital Transformation)의 시대, 더욱더 많은 사람이 UX에 관심을 갖고 있다. 이 책을 통해서 UX 방법론뿐만 아니라, 실무 노하우 면에서도 깊이를 더하기 바란다. 대형 서점에 갈 때마다 ≪이것이 UX/UI 디자인이다≫가 아직도 메인 가판대에 진열되어 있는지를 확인한다. 이쯤이면 내려올 때도 되지 않았나 싶은데, 식지 않는 관심에 감사할 뿐이다. 아직 풀어놓을 보따리가 산적해 있다. 여러분이 호응을 많이 보내줄수록 글쓴이는 도구의 역할에 매진할 것이다.

서평

UX를 넘어 CX에서는 조화롭게 체계화된 정보 설계 가이드라인이 꼭 필요하다. 디지털 서비스에서 고객에게 가장 중요한 것은 결국 정보이기 때문이다. 이 책은 모바일 퍼스트 환경에 맞는 업데이트가 돋보인다. 특히 UX 라이팅, 개인화, 추천에 대한 사례와 포인트는 프로젝트 기획자, 운영자, 개발자, 디자이너가 모두 주목해 볼 가치가 있다.

연세대학교 정보대학원 UX트랙
최준호 교수

이 책 자체가 최고의 UX/UI 가이드라 할 만하다. 독자는 책이 주는 경로를 따라가면서 지식을 얻기도 하고 오랫동안 고민하던 질문에 대한 대답을 찾기도 하면서 자신만의 지적 경험을 할 수 있다. 어떤 형태로든 디지털 프로덕트와 연결된 분야에서 일하는 모든 직장인의 필독서라고 생각한다.

한화저축은행
김한식 상무

사용자 인터페이스가 데스크톱, 웹, 모바일을 지나 일상 환경으로 확장되고 있는 시대에 점점 더 중요해지고 강조되는 것이 UX 디자인이다. UX 디자인은 통합적인 작업이기는 하지만, 사용자의 감성과 연결된 심미적이고 심리적인 부분, 서비스나 제품의 기능 사용에 대한 편의성 부분, 그리고 정보와 지식의 제공 부분으로 나눌 수 있다. 그중에서도 정보와 지식을 제공하는 부분은 가장 기본적이면서도 가장 체계적이어야 하는 영역이다. 이 책은 정보와 지식을 제공하는 방법을 기획하고 설계하는 데 필요한 요소를 상세히 그리고 구체적으로 설명한다. 새로운 서비스나 제품을 개발하거나 기존의 것을 개선하는 과정에서 숙련자와 초심자 모두에게 훌륭한 지침이 될 것이다.

씨드 전문 액셀러레이터 '더이노베이터스'
최광선 대표

이 책은 과거부터 현재까지 IA의 개념이 어떻게 변화되고 확장되어 왔는지, 그에 맞춰 더 나은 사용자 경험을 제시하기 위한 방법은 무엇인지에 대해 폭넓고 깊이 있는 지식을 담고 있다. 하지만 다양한 예시와 함께 스토리텔링하듯이 전개되어 소설책처럼 쉽게 읽고 이해하는 경험을 맛볼 수 있다. 수많은 강의 경험으로 실력을 다진 글쓴이가 쓴 이 책은 UX 입문자에게는 쉬운 이해를 제공하고, 시니어에게는 그간의 실무 경험을 정돈할 기회를 제공한다. 이어서 출간될 UI, 인터랙션 가이드북도 벌써 기대된다. 이 책들은 분명 책상 곁에 가까이 두고 반복해서 읽을 UX/UI 가이드북이 될 것이다!

라이트브레인 컨설팅그룹
이지연 팀장

서평

막연히 알고 있다고 생각하는 서비스 '구조'에 대한 지식을 다양한 사례와 함께 체계적으로 정리할 수 있는 계기를 제공해 주는 책, 더불어 'UX 상향 평준화' 시대에 차별화된 UX를 제공하기 위해 AI, AR 등의 기술과 디테일한 감성까지 챙기는 마이크로 인터랙션에 집중하다가 놓치기 쉬운 기본이 되는 '서비스 구조'의 중요성을 다시 한번 되새길 수 있게 하는 책, 그래서 기초부터 탄탄한 서비스 설계를 할 수 있게 도와주는 책이다.

AIMMO, Lead Product Owner,
정지용 팀장

이 책은 디지털 서비스의 코어지만 그동안 보편적으로 여겨온 IA라는 개념과 그 하위 장치에 대해 본질적으로 사고할 수 있게 한다. 하나의 서비스가 출시되기까지는 여러 이해관계와 히스토리가 얽혀 있고, UX만을 위해 서비스를 가볍고 단순하게 만들기가 쉽지 않다. 서비스를 가볍고 단순한 것처럼 느끼도록, 최소한의 액션으로 최종 목적을 달성할 수 있도록, 일반적인 장치를 wow-point로 전환할 수 있도록 하는 묘안들이 이 책에 담겨있다. 새로운 서비스를 만들거나, 기존의 서비스를 진단하고 싶거나, 또는 호평받는 서비스에 숨겨진 노하우가 무엇인지 알고 싶은 UXer에게 이 책을 권한다. IA뿐만 아니라 서비스 전반에 대한 해답을 얻고 싶을 때 가까이 두고 계속 꺼내 보게 될 것이다.

우리은행 AI 사업부
김다슬 대리

수년간 수집한 방대한 사례는 UX/UI 변화를 한눈에 이해할 수 있게 해주고, 개념의 이해, 다양한 노하우 학습, 응용 방법까지 예시로 제시된 알찬 구성은 UX/UI 실무 백서로 추천할 만하다. DT 시대 사용자 경험을 넘어 이해관계자를 아우르는 총체적 경험을 연결시켜야 하는 UXer로서 본업에 종사하며 UX/UI 가이드북을 꾸준히 집필해 가는 저자의 열정과 성실에 존경을 표한다.

UX컨설턴시 엑스플리트(주)

디렉터 **김은서**

일러두기

형식

이 책에서는 다음 5가지 유형이 목적에 따라 책 내용을 기술하는 데 사용됐다.

1. **텍스트**: 책 내용을 전달하는 일반적인 본문에 해당
2. **이미지**: 책 내용에 대한 예시나 보충 설명을 위해서 들어간 도식
3. **도식**: 책 내용 일부를 구체적으로 분류해서 설명하고자 할 때 사용
4. **파란색 배경 박스**: 책 내용 중 개념을 보다 명확하게 정의하기 위해 사용
5. **노란색 배경 박스**: 책 내용과 관련된 부가적인 정보

출처 표기

외부에서 인용한 자료나 예시에 대해서는 출처를 밝혔고, 라이트브레인 CX컨설팅그룹에서 작업한 예시는 '라이트브레인'으로, 그 외 글쓴이나 글쓴이의 동료들이 작업한 결과물에 대해서는 굳이 출처를 밝히지 않았다. 라이트브레인 UX아카데미 수강생들이 작업한 결과물에 대해서는 기수와 조 이름을 밝혔다.

용어

모든 용어는 가급적 한글로 표기하고자 했다. 영어로 된 용어 중에 한글 번역이 가능한 것은 한글로 먼저 표기하고 괄호에 영어 원문을 표기했다. 그러나 외래어나 UX 분야의 전문용어는 번역하지 않고 발음 그대로 한글로 표기했다.

띄어쓰기는 가급적 지키려고 노력했으나, 본문 일부에서는 약간의 예외를 두었다.

제 6 장 사용자주도권 허용

제 7 장 개인화

제 8 장 추천

제 17 장 태그

1

—

디지털 서비스에서의
정보 탐색

"디지털 서비스는 사용자 스스로 이용해야 한다.
사용자 스스로 정보를 찾고, 조회하고, 이용해야 한다.
(중략)
사용자는 오롯이 본인 스스로의 인지 능력과 판단력으로
처음부터 끝까지 서비스를 이용해야 한다.
그렇기 때문에 우리는 사용자가 '알아서 서비스를 잘 이용'할 수 있도록
UX를 설계해야 한다."

디지털 서비스의 특징

디지털 서비스의 가장 큰 특징은 무엇일까? 디지털에 둘러싸여 일상을 살아가는 지금, 정작 이 질문에 쉽게 대답하지 못하는 경우가 많다. 좋은 디지털 서비스를 만들기 위해서는 디지털 서비스만의 특징을 먼저 알 필요가 있다.

디지털은 하나의 기기를 의미하기보다는 여러 기기/서비스에 걸쳐서 존재한다

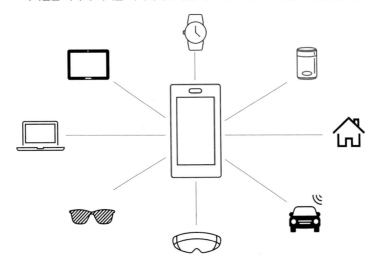

- 쉽게 복제 및 재생이 가능하고, 클라우드와 같은 저장소에 정보를 보관해 둘 수 있다.

- 사용자 권한에 따라서 정보 접근에 차등을 두거나 먼저 인증을 요청할 수 있다.

- 서비스에서의 사용자 반응을 실시간으로 파악하고, 이를 다시 서비스에 반영할 수 있다. (예: 조회한 상품과 비슷한 상품, 이전 검색 기록)

- 기기에 탑재된 센서나 카메라 등을 이용해서 사용자 정보를 파악하거나 맥락을 추적할 수 있다. (예: 얼굴 인식, 현 위치 파악, 심박수 측정)

- 각 기기 및 채널에 맞게 서비스를 자유자재로 변형하고, 여러 기기/채널에 걸쳐 사용자 정보를 동기화할 수 있다. (예: PC 웹 vs. 모바일 앱, 플레이리스트 이어 듣기)

- 아무도 도와주지 않는다.

디지털 서비스는 사용자 스스로 이용해야 한다. 사용자 스스로 정보를 찾고, 조회하고, 이용해야 한다. 은행이나 백화점 매장에 들어섰을 때처럼 누군가 안내하거나 이용 방법

을 설명해 주지 않는다. 사용자는 오롯이 본인 스스로의 인지 능력과 판단력으로 처음부터 끝까지 서비스를 이용해야 한다.

그렇기 때문에 우리는 사용자가 '알아서 서비스를 잘 이용'할 수 있게 UX를 설계해야 한다. 그중에서도 정보 탐색은 매우 민감한 문제다. 글쓴이가 이전 책(≪이것이 UX/UI 디자인이다≫)에서 썼듯이 사용자 고충의 대부분이 탐색 과정에서 일어난다. 탐색은 디지털 서비스의 특징과 긴밀하게 연결되어 있다. 정보 저장, 권한에 따른 접근, 인증, 이전 활동 이력 반영, 맥락 추적, 기기/채널 간 이동 등 거의 모든 디지털 서비스 특징이 탐색 과정에서 개입된다.

이렇게 중요한 탐색 과정에 디지털 서비스의 특징을 어떻게 잘 반영할 수 있을까? 이 책에서는 내비게이션, 검색, 필터와 같은 전통적인 IA 도구뿐만 아니라, 정보 간 이동, 개인화, 추천과 같이 최근 들어 그 중요성이 부상하고 있는 영역에 이르기까지 더 좋은 정보 탐색을 위한 내용을 살펴보고자 한다.

모바일에서는 기기에 탑재된 센서나 카메라 등을 이용해서 사용자 정보를 파악하거나 실제 상황을 누군가에게 공유할 수 있다.

네이버지도에서의 제보하기 기능

출처: 라이트브레인 UX아카데미 20기 '네이버지도'조

아직 디지털 서비스의 특징을 제대로 이해하지 못한 서비스들은 UI나 개발언어, 플랫폼 관점에 갇혀 있는 경우가 종종 있다. 디지털의 진면목을 모르기 때문에 IT 관점에서 극히 일부만 활용하고 있는 셈이다. 반면에 디지털 서비스를 잘 이해하고 있는 토스와 같은 기업은 NFC 센서나 카메라 AR을 잘 활용하고, 채널 간 이동이나 메시지/SNS 연계를 통해서 다각적으로 고객 경험에 접근하고 있다.

UX/UI의 여러 가지 영역

UX/UI는 서비스 내용을 다루는 영역과 그 외 영역으로 크게 나눌 수 있다. 서비스 내용은 정책, 정보, 기능 등을 다룬다. IA는 정해진 서비스 내용을 구조화하는 작업을 말한다. IA가 구조를 담당한다면, 이용흐름(User Flow)은 말 그대로 흐름을 설계한다. 둘은 상호보완적이고 거의 동 시점에 작업이 진행된다.

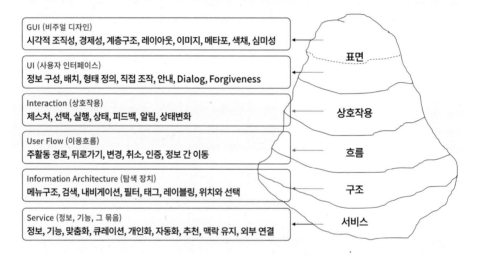

GUI (비주얼 디자인)
시각적 조직성, 경제성, 계층구조, 레이아웃, 이미지, 메타포, 색채, 심미성

UI (사용자 인터페이스)
정보 구성, 배치, 형태 정의, 직접 조작, 안내, Dialog, Forgiveness

Interaction (상호작용)
제스처, 선택, 실행, 상태, 피드백, 알림, 상태변화

User Flow (이용흐름)
주활동 경로, 뒤로가기, 변경, 취소, 인증, 정보 간 이동

Information Architecture (탐색 장치)
메뉴구조, 검색, 내비게이션, 필터, 태그, 레이블링, 위치와 선택

Service (정보, 기능, 그 묶음)
정보, 기능, 맞춤화, 큐레이션, 개인화, 자동화, 추천, 맥락 유지, 외부 연결

표면
상호작용
흐름
구조
서비스

탐색에 대한 UX = IA

IA는 탐색에 대한 UX다. 사람들이 정보를 잘 찾고 이용할 수 있게 하는 것뿐만 아니라, 그들이 원하는 정보를 선제적으로 제시하고 쉽게 분별할 수 있게 하는 것 등이 IA의 주된 역할이다. '사람들이 알아서 잘 찾을 것이다'라는 막연한 생각으로부터 나쁜 UX가 시작된다. 개발한 사람, 운영하는 사람 관점에서 보면 '정보를 찾고 조회하고 이용하는' 과정이 지극히 당연하고 쉬워 보인다. 하지만 서비스를 잘 모르는 사용자 입장에서 봤을 때는 모든 게 막막하고, 뭐부터 해야 할지 모를 수 있다.

디지털 서비스의 이런 본질적인 단점을 극복하고자 다음과 같은 장치를 준비할 수 있다.

1. 처음 진입 시 이용 안내(온보딩, On Boarding) 제공

2. 주요 화면에서 이용 안내 제공

3. 보편적으로 사용되는 익숙한 방식의 UX/UI 제공

위와 같이 준비를 끝냈다면 이제 마음 놓고 고객이 찾아오기만 기다리면 될까?

대부분 사용자는 온보딩에서든 주요 화면에서든 이용 안내를 눈여겨보지 않고 본인 직관에 의존해서 서비스를 이용한다. 또한 보편적으로 사용되는 방식은 쉽게 느껴지기도 하지만, 서비스의 세부적인 특성이 제대로 반영되지 않아서 오히려 반발감을 키울 때도 많다.

서비스 운영자들이 흔히 갖는 잘못된 사고

'어떻게 그들은 못 보는 거지?'   출처: 소셜 딜레마, 넷플릭스   '내가 계속 보고 있는 이 정보들을 보라고'

앞에서 얘기한 바와 같이 IA(Information Architecture)는 사용자들이 디지털 서비스에서 원하는 정보를 잘 찾을 수 있게끔 만드는 도구다. 구체적으로 말해 메뉴나 검색, 내비게이션, 필터, 태그, 레이블링 등이 그것이다.

- **메뉴**: 순차적으로 정보를 찾아 나갈 수 있게 도와준다. 사용자들은 서비스 내에 들어 있는 내용물(Content)을 하나씩 떠올리기도 하지만 그 전체적인 구조를 그리기도 하는데, 메뉴는 그것을 논리적인 계층구조(Hierarchy)로 표현한 것이다.

- **검색**: 디지털에서만 찾아볼 수 있는 독특한 방식으로 특정 키워드나 조건을 입력하면 그에 상응하는 정보를 불러온다.

- **내비게이션**: 주요 메뉴나 검색 도구에 쉽게 접근할 수 있게 하기 위해 특정 위치에 고정시켜 놓은 것을 말한다. 현재 위치나 처음, 이전으로 돌아가는 기능을 수행하기도 한다.

- **필터**: 조건을 선택한 다음, 그에 상응하는 범위의 정보를 찾을 때 사용된다. 정보의 속성이나 메타데이터가 사용자가 선택하는 조건이 된다.

- **태그**: 필터보다 좀 더 자유로운 방식으로 정보의 특징을 꾸며내는 꼬리표다. 서비스 측에서 제공할 수도 있지만, 사용자 스스로 만들 수도 있다.

- **레이블링**: 정보를 이름 짓는 것이다. 원래의 정보명이 가감 없이 사용되기도 하지만, 서비스의 논리적인 계층구조에 따라서 고유한 이름 짓기 방식이 적용되기도 하며, 안내문이나 오류 메시지를 만드는 활동도 포함된다.

- **기타**: 최근에는 IA의 범주가 점차 넓어지면서 추천이나 유기적인 정보 간 이동도 포함한다.

초창기에는 메뉴 구조 설계와 내비게이션이 IA에서 가장 비중이 높았다. 그러다가 2000년대 중반에는 검색이나 정보 간 연결이 관심을 끌었고, 모바일이 등장하면서 기기 간 상호 연동(Cross Device Experience)이, 그다음에는 메타데이터를 활용한 조건 검색과 필터가, 그다음에는 SNS의 인기를 반영한 태그나 지능화된 검색이, 최근에는 UX Writing과 개인화/추천이 주목받고 있다.

메뉴 구조, 내비게이션, 검색, 레이블링은 서비스 전체에 걸쳐 영향을 미친다. 반면 필터와 태그는 특정 메뉴/화면 단위에만 존재하는 경우가 많다. IA는 논리적인 부분이 크다 보니 자칫 기능적인 영역이라고 오해하기 쉬운데, 사용자들은 말(Word)을 통해서도 감성을 전달받기 때문에 필터, 태그, 레이블링을 통해서 감성을 디자인하는 것도 중요하다.

UX 관점에서의 IA 설계란?

현재의 UX 디자인이 형성되는 데 크게 기여한 3가지 분야가 있는데, 첫째는 HCI(인간-컴퓨터 상호작용, Human Computer Interaction)이고, 둘째는 디자인씽킹(Design Thinking)이며, 셋째는 IA이다. HCI와 디자인씽킹이 뿌리와 같은 역할을 했다면, 현재의 UX 디자인이 본격적으로 태동한 계기는 2000년대 중반 IA Summit이라는 IA 설계자들의 콘퍼런스가 중요한 분수령이 되었다.

2007년과 2008년에 개최된 IA Summit의 주요 키워드

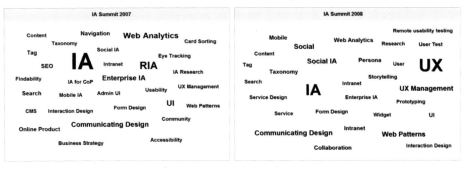

출처: ≪이것이 UX 디자인이다≫(위키북스, 2013)

2008년을 기점으로 IA 설계자 중 상당수가 UX로 전향한다. 이 이야기를 하는 이유는 IA 가 그만큼 UX와 밀접한 연관이 있다는 점을 말하기 위해서다. 사용자는 정보를 탐색하는 과정에서 UX의 문제를 쉽게 마주칠 수 있고, IA 설계자는 좋은 IA를 설계하기 위해 끊임없이 사용자의 UX를 고민하지 않을 수 없다.

- 사용자는 서비스의 개념적, 논리적 구조를 어떻게 회상하는가?

- 사용자가 인식하는 정보 간 위계, 순서, 관계는 어떠한가?

- 사용자는 정보를 찾을 때 어떤 속성에 많이 의존하는가?

- 사용자가 특정 정보로부터 연이어 이동하기를 원하는 정보는 무엇인가?

- 사용자는 정보가 어떤 언어로 표현됐을 때 쉽게 이해하는가?

- 사용자는 왜 서비스를 찾는가?

사용자와 정보 탐색 간의 순수한 논의는 AI(Artificial Intelligence)의 발전과 빅데이터 활용 증가와 더불어 좀 더 지능적이고, 상호 유기적이며, 맥락에 기반한 방향으로 확장 됐다. 다음 예시로 든 무신사는 일괄적 홈 화면이 아닌 사용자 취향에 따른 홈 화면구성 이 가능하고, 취향과 행동 패턴을 분석한 맞춤 상품 추천이 서비스 탐색에서 큰 비중을 차지한다. 이제 디지털 서비스에서의 탐색은 이전과는 다른 과업(UX Challenge)을 요 구하고 있다.

이제 디지털 서비스에서의 탐색은 이전과는 다른 과업(UX Challenge)을 요구하고 있다

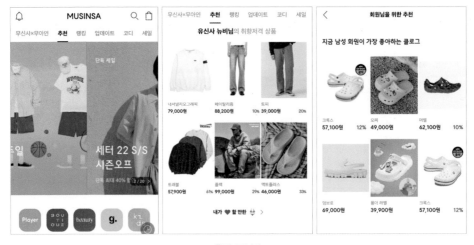

출처: 무신사

- 사람들이 정보를 찾는 게 아니라, 서비스가 알아서 사람들에게 맞는 정보를 추천해준다.

- 현재 보고 있는 정보와 맥락상 연관된 정보를 힘들여 찾지 않아도 알아서 제시해준다.

- 사용자의 관심사나 취향을 기반으로 메뉴, 내비게이션, 검색, 필터를 각 사용자에게 맞게 제공한다.

- 정보를 전달하기 전에 어떤 방식으로 탐색하는 게 좋은지를 사용자에게 의존한다.

이는 서비스 분야에 상관없이 대부분 사용자가 자주 얘기하는 니즈이기도 하다. 새로운 IA는 이러한 니즈를 반영하기 위한 '빅데이터'와 'AI'라는 훌륭한 물적 토대를 갖추고 있었다. 이제 그것을 어떻게, 어떤 식으로 제공하는가에 대한 노하우를 아는 게 필요하다. 그것이 이 책의 첫 번째 목적이기도 하다.

전통적인 정보 탐색 방식

사용자가 정보를 찾을 때는 기본적으로 4가지 동기가 작용한다. 찾고자 하는 것이 정확하게 정해져 있거나, 아예 뭘 찾을지조차 모르는 경우도 있다. 한편, 몇 가지 조건으로 정보를 찾고자 할 때도 있고, 이전에 봤던 정보를 시점별로 다시 찾는 경우도 있다. 찾고자 하는 것이 정확할 때는 검색, 조건 검색, 필터링과 같은 정교한 IA 도구에 의존하는

데 비해, 뭘 찾을지조차 모를 때는 홈 화면에서의 인기, 추천, 대표 정보에 많이 이끌린다.

이 4가지는 IA가 처음 태동했던 시기부터 나온 전통적인 방식이다. 알다시피 그사이에 디지털은 눈부신 발전을 거듭했고, 1998년에는 없던 다양한 기기, 서비스, 개념 등이 등장했다. 그렇다고 이 4가지 방식이 사라지거나 의미가 퇴색했다는 것은 아니다. 기본은 어디까지나 기본이다. 먼저 이 4가지 전통적인 정보 탐색 방식을 알아본 뒤에, 최근 등장한 3가지 추가적인 탐색 방식을 살펴보자.

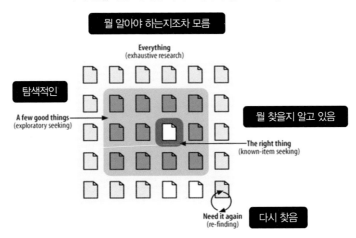

4가지 전통적인 '디지털 서비스에서의 정보 탐색 방식'

출처: Peter Moville

뭘 알아야 하는지조차 모름: 전체 정보를 탐색

원하는 결과가 막연하고 서비스에 대한 지식이 부족한 경우가 이에 해당한다. 신중하게 서비스를 탐색하면서 그 구조와 제공방식, 패턴을 학습하고 이런저런 시도를 하나씩 해 나간다. 예를 들어 처음으로 낯선 지역에 자유여행을 가고자 할 때 현지 교통편, 숙박, 음식점, 관광지를 어떻게 찾아야 할지 모르는 사용자는 서비스 탐색과 내용 이해를 병행해 나갈 수밖에 없다. 서비스 내에 있는 전체 정보에 대한 명확한 모델을 제시하고 쉽게 학습할 수 있게 일관되고 합리적인 구조/방식/패턴을 제공하는 것이 중요하다. 홈 화면이나 메뉴에 대한 의존도가 높은 편이다.

탐색적인: 특정 정보 범위만 탐색

원하는 게 비교적 분명하지만, 그렇다고 특정 정보만 딱히 원하는 것은 아닌 경우다. 예를 들어 여유자금을 안정적으로 투자하고자 하는 사람들은 '여유자금+안전자산'이라는 조건에 해당하는 예·적금 상품을 살펴볼 것이다. 그러면서 점차 '금리는 2% 이상, 1억 미만 자산에 대한 세금 우대 혜택, 보유한 카드를 통한 우대금리 혜택' 등과 같은 추가 조건을 적용할 것이다. 이런 동기에서는 조건 검색이나 필터에 대한 의존도가 높을 수밖에 없다.

뭘 찾을지 알고 있음: 특정 정보 하나만 탐색

원하는 정보가 너무 명확한 경우다. 예를 들어 기다리던 신규 스마트폰 출시 소식을 듣고 그것을 예약 구매하고자 하는 경우가 이에 해당한다. 다른 것은 눈에 들어오지 않고, 오직 자신이 지금 원하는 그 정보(상품)에만 동기가 집중되어 있다. 일견 흐름이 단순해 보일 수 있으나, 의외로 여러 가지 탐색이 이뤄진다. 해당 정보에 대한 주요 특징뿐만 아니라 다른 사람의 생각을 엿보고자 블로그, SNS, 상품평을 보기도 하고 보다 합리적인 구매와 의사결정을 위해서 가격 비교, 타상품과 비교, 옵션 비교 등을 하기도 한다. 검색에 대한 의존도가 높으며 해당 정보와 관련된 태그에 주목하기도 한다.

다시 찾음: 어떤 정보를 반복 탐색

원하는 정보가 날씨, 주가, 교통상황과 같이 정보 자체는 고정되어 있지만, 그 내용은 변동적인 경우에 해당한다. 이 경우에는 빠르게 정보에 접근하고 싶어 하는 마음이 크기 때문에 단축키, 바로가기, 위젯 등을 활용하는 것이 좋다.

3가지 추가적인 정보 탐색 방식

위 4가지 전통적인 방식에 더해, 디지털 서비스는 사람들의 정보 탐색을 더 충실하게 돕기 위한 보조 장치를 제공하기 시작했다. 이는 디지털 서비스가 자체 진화 과정을 거듭하면서 이전보다 더 성숙했고, AI의 발전과 더불어 이전에는 생각지도 못했던 정보 간

연결이나 추천이 가능해지고, 디지털 문화가 좀 더 개방적이고 상호협력적(reciprocal)
으로 변화했기 때문에 가능한 일이다.

글쓴이가 처음 IA를 배웠던 1998년(루이스 로젠펠드와 피터 모빌이 ≪Information
Architecture≫를 발간한 해)과 지금의 탐색 방식은 3가지 측면에서 큰 차이가 있다.

Information Architecture

1998년에 발간된 이 책은 당시 급부상하던 PC 웹 중심의 디지털 서비스에 매우 큰 영향을 미쳤다. 당
시에는 메뉴 분류와 내비게이션, (초기 형태의) 검색이 중요했는데, 이 책은 어떻게 그것들을 설계해야
하는지, 설계할 때 무엇을 고려해야 하는지를 알려줬다. 이 책의 저자 중 한 명인 피터 모빌은 아직도
UX 업계에 영향을 미치는 구루(GURU) 중 한 명이다.

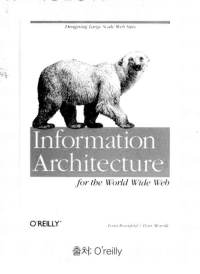

출처: O'reilly

'유기적인' 정보 간 이동

특정 정보까지 도달했을 때 해당 정보와 연관된 다른 정보를 제시하여 유기적으로 탐색
이 이어질 수 있게 하는 것을 말한다. 예를 들어 비타민 영양제를 찾고 있는 고객에게 비
타민과 같이 먹으면 효과가 증가하는 다른 영양제(오메가3, 루테인 플러스)를 제시하거
나 그 비타민과 같이 사면 할인이 진행되는 묶음 상품(필수 영양제 3세트 구매 시 20%
할인)을 제공하는 것이다. 다음은 Tidal이라는 음악 서비스에서 추천 선곡을 듣다가 해
당 곡과 관련된 정보(아티스트, 앨범, 트랙 라디오)로 이동하는 과정을 보여준다.

유기적인 정보 간 이동 예시

출처: Tidal

'사용자주도권' 부여를 통한 탐색 모드 식별

사용자가 특정 메뉴를 선택하거나 검색을 시도했을 때 결과를 바로 보여주는 것이 아니라, 먼저 탐색 모드를 제시하고, 그중 선택된 모드를 식별해서 정보 탐색이 진행되는 방식이다. 예를 들어 길 찾기 서비스에서 목적지를 지정했을 때 '추천 모드, 최소시간, 최단 거리, 무료도로' 등을 제시하는 것이 이에 해당한다. 이러한 사용자주도권 부여는 설정을 통해 좀 더 영구적으로 반영되기도 한다. 사용자가 자주 하는 선택이 암묵적으로 설정되거나 사용자가 명시적으로 설정한 선택이 별도의 요청이 있기 전까지는 계속해서 반영되는 것이다.

개인화/추천

개인화나 추천은 예전부터 있어 왔지만 본격적인 탐색 방식의 하나로 자리 잡게 된 것은 AI의 발전과 관련이 있다. 최근 개인화/추천은 사용자의 성향과 관심사뿐만 아니라, 현재 탐색 맥락이나 동기를 유추하여 비교적 정확하고 시의적절하게 다른 정보를 추천한다. 틱톡(Tiktok)과 같은 몇몇 서비스는 아예 추천으로만 탐색이 제공되기도 하고 다른 탐색 방식이 있어도 추천에 많이 의존하는 서비스(인스타그램, 유튜브, 넷플릭스)도 있다. 사용자들은 스스로 정보를 찾기보다는 서비스가 제시해주는 개인화/추천 콘텐츠에 더 익숙해지고 있다. 뒤에서 보겠지만, 이제는 디지털 서비스에서의 탐색 방식이 점차 개인화/추천 쪽으로 변모해가고 있다. 추천이 '얼마나 뛰어난가?'가 그 서비스의 UX 품질을 좌우하는 잣대가 되기도 한다.

IA 설계 = 여러 가지 정보 탐색 방식의 조합

좋은 IA의 목적은 사용자들이 원활하게 서비스를 탐색할 수 있게 하는 데 있다. 다시 말해 어떤 탐색 방식이든 사용자와 서비스 간에 좀 더 긴밀하고 밀착된 관계를 만들어 낼 수 있으면 된다. 가장 중요한 것은 좋은 경험을 만들어낸다는 것이며, 좋은 경험을 만들어 내기 위해서는 실제 사용자들의 의도와 흐름을 파악하고 있어야 한다.

UX 디자인에서 사용자 경험 조사를 중요시하는 데는 이런 이유가 있다. 데이터나 설문조사만 가지고는 실제 사용자들의 의도와 흐름을 파악하는 데 한계가 있기 때문에 실제 사용자들을 찾아서 그들이 어떤 의도(동기)로 서비스에 접근하며, 의도마다 어떻게 서비스를 이용하는지 흐름을 조사한다. 데이터나 설문조사와 같이 비교적 간단한 방법으로도 사용자 의도와 흐름을 알 수 있다면 금상첨화일 것이다.

좋은 IA는 사용자의 서비스 탐색 의도와 흐름을 미리 파악하는 것에서 출발한다

다음 쿠팡의 탐색 흐름 예시를 보면 처음에는 홈 화면에서 탐색하다가 검색하고, 검색 결과 화면에서 태그를 누르거나 하단 탭 내비게이션(Bottom Navigation)을 이용하다가 다시 필터를 이용하는 식으로 흐름이 연결된다. 다양한 탐색 방식을 이용하는 것은 사용자에게 자연스러운 흐름이다. 그러나 구체적으로 쿠팡 사용자들이 어떤 의도를 지녔을 때 '다양한 탐색 방식' 중에서 '특정 탐색 방식'을 고수하는지는 아직 알 수 없다. 일반적인 흐름은 예측할 수 있지만, 실제 일어나는 '경험'은 우리가 섣불리 짐작하기 어려운 면이 있기 때문이다. 어떤 의도로 정보를 탐색하는지까지 우리가 알게 된다면 좋은 IA를 위한 준비는 이미 갖춰졌다고 볼 수 있다.

쿠팡에서의 탐색 흐름 예시

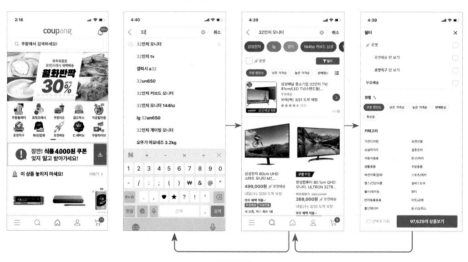

출처: 쿠팡

IA 설계는 여러 가지 정보 탐색 방식을 사용자의 탐색 의도와 흐름에 맞춰 설계하는 작업이다. 어느 하나의 방식만 고집해서도 안 되고, 유행이나 트렌드에 휩쓸려서도 안 된다.

애플건강 앱에 대한 검색, 내비게이션 설계 예시

건강 카테고리 하위에 어떤
정보들이 있을까?

화면 이동 없이도 건강 카테고리
하위에 정보를 확인할 수 있다니!

온보딩에서 설정했던 개인화된
맞춤 검색어를 추천해 주네!

화면 이동 없는 정보 탐색과
맞춤 검색어 제공으로 너무 편리하네

출처: 라이트브레인 UX 아카데미 20기 '쿠팡이츠'조

UX/UI 프로세스상에서 IA의 위치

IA 설계는 UX/UI 프로세스 후반부, 아이디어와 시나리오를 도출하고 난 다음 시점에 진행한다. 앞에서 도출된 아이디어/시나리오에 기반하여 서비스에 대한 전체적인 뼈대를 만드는 작업인 IA와 이용흐름(User Flow)이 선행되고, 그다음에 인터랙션이나 UI 프로토타이핑 과정이 진행된다.

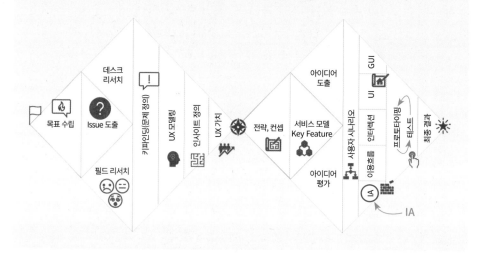

2

—

IA 콘셉트,
탐색 경로(funnel) 결정

"서비스 주도 측면에서의 가치는 '더 세심하게, 잘 고려된' 것이다.

(중략)

사용자 주도 측면에서의 가치는 사용자에게 더 많은 권한과 자유를 허용하는 것이다.

(중략)

개인화 측면에서의 가치는 더 스마트하게 사용자의 의도와

흐름에 맞는 정보나 기능을 제공하는 것이다.

얼핏 봐서는 너무 당연하고 쉬워 보이지만,

하나의 서비스 내에서 이 셋을 조율하고 선택하는 문제는 그렇게 만만한 일이 아니다."

가치

제품/서비스가 그 대상인 사용자에게 궁극적으로 전달해야 하는 것은 '가치'다. 우리가 하는 일련의 디자인과 그것을 더 잘하기 위해 만든 방법론(가령 지금 배우는 UX 방법론 같은)은 모두 더 나은 가치를 만들기 위한 산물이다. 디지털 서비스는 운영자의 의도대로 서비스가 주도되기도 하지만, 사용자가 서비스의 여러 속성을 본인 입맛대로 주도하기도 한다. 이 둘 사이에 있는 개인화라는 영역이 중요한 가치를 발할 때도 있다. 디지털 서비스가 제공해야 하는 가치는 이런 방향성을 감안해야 한다.

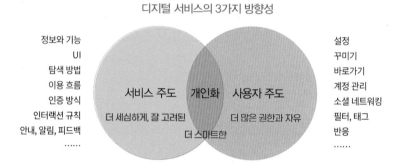

서비스 주도 측면에서의 가치는 '더 세심하게, 잘 고려된' 것이다. 운영자가 사용자의 경험을 더 세심하게 잘 고려할수록 서비스의 가치는 상승하기 마련이다.

사용자주도권이 이전보다 늘어나고 있는 국내 금융서비스

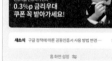

출처: 우리은행

UX/UI 디자인 완벽 가이드: 실무 야자 톺아 편

사용자 주도 측면에서의 가치는 사용자에게 더 많은 권한과 자유를 허용하는 것이다. 알아서 자기 입맛대로 설정하게 할수록 더 좋은 가치로 이어질 수 있다. 개인화 측면에서의 가치는 더 스마트하게 사용자의 의도와 흐름에 맞는 정보나 기능을 제공하는 것이다. 얼핏 봐서는 너무 당연하고 쉬워 보이지만, 하나의 서비스 내에서 이 셋을 조율하고 선택하는 문제는 그렇게 만만한 일이 아니다.

가치는 어떻게 나타날까? 사용자들이 서비스 이용 시 느끼는 가치는 어떻게 겉으로 드러날까? 앞에서 3가지 방향성을 살펴봤지만, 구체적인 내용으로 가치를 전달하기 위해서는 구체적인 노력과 활동 또한 필요하다.

사용자는 만족과 아쉬움, 불만족에 대한 표현을 통해서 본인의 가치를 드러낸다. 만족은 현재 느끼고 있는 가치를, 아쉬움은 좀 더 보완됐으면 하는 가치를, 불만족은 '이래야 한다'는 당위적인 가치를 은밀하게 품고 있는 것이다.

사용자의 만족, 아쉬움, 불만족

쉽게 이동하고, 빠르게 정보를 파악할 수 있어서 좋았어

추천 정보가 도움이 될 때도 있지만, 그렇지 않을 때도 많아
→ 내가 직접 설정할 수 있도록 해주면 좋을 텐데 말이지...

아 정신이 하나도 없고, 뭐가 뭔지 모르겠어
→ 한눈에 뭔지 알 수 있고, 맥락이 이어져야 할 것 아냐!!

사용자들은 서비스 내 여러 가지 경험요소에 대해서 이러한 만족, 아쉬움, 불만족을 표현한다. 탐색 과정에서도 이런 표현은 나타난다. 만족, 아쉬움, 불만족에 더해서 본인이 생각하는 각 경험요소에 대한 기대와 태도도 같이 드러난다. 때로는 해당 서비스에서는 드러나지 않는 '숨겨진 니즈(Implicit need)'나 스스로도 모르는 '암묵적인 니즈(Tacit need)'가 존재하기도 하는데, 우리가 이것을 알기 위해서는 좀 더 고도화된 노력과 활동이 필요하다.

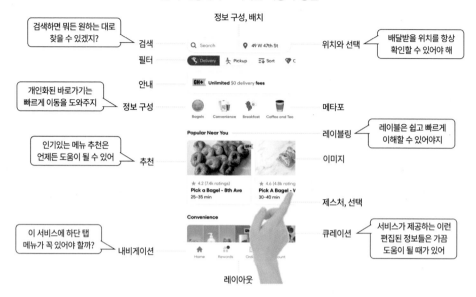

탐색 과정에서 드러나는 사용자 경험

우리가 해야 할 궁극적인 목표는 더 나은 가치를 제공하는 것이다. UXer가 하는 업무 가운데 가장 중요한 부분이 이러한 사용자 경험을 면밀하게 파악해서 '어떻게 더 좋은 가치로 이어지게 할 것인가?' 고민하는 것이다.

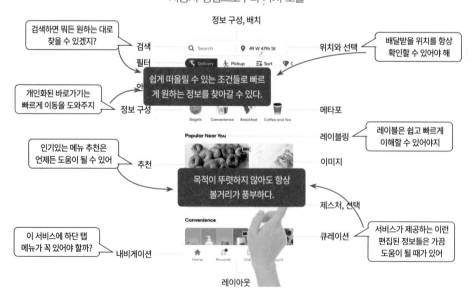

사용자 경험으로부터 가치 도출

콘셉트

서비스가 어떤 가치를 전달할지 정해졌다면, 그다음에는 그 가치를 서비스에 실제로 담는 실행 과정이 이어진다. 이제부터는 하나하나의 가치에 대해서 구체적으로 '그것을 어떻게 실행할 것인지' 실행방안을 고민하면 될 것 같지만, 일단 큰 그림을 그리고 난 다음에 구체적인 실행방안을 모색해야 한다. 전체적인 방향성, 일관된 정체성, 경쟁 서비스와 차별화되는 우리 서비스만의 색깔을 먼저 정의하고 구체적인 실행방안을 고민하는 것이 이해 충돌 없이 하나의 서비스를 만드는 데 더 나은 방법이기 때문이다.

서비스의 특징을 정의하는 큰 그림을 콘셉트라고 부른다. 콘셉트는 우리가 일상적으로 사용하는 용어 가운데 하나이기 때문에 활용처에 따라 약간씩 다른 의미를 띄지만, UX에서의 콘셉트는 서비스를 표현하는 가장 두드러진 특징을 의미한다.

서비스 콘셉트가 명확한 예시

출처: 너, 사만다(Hey, Samantha)

위에서 예시로 든 정신건강 테라피 서비스 '너, 사만다'는 사용자가 녹음한 목소리에서 감정을 분석하여 보고서를 제시한다. 또한 정신 건강에 어려움을 겪는 일반회원(peer)과 유사한 경험을 극복한 경험자(leader)를 AI 기반으로 매칭하여 사용자 상호 간에 도움을 주고받을 수 있게 중계 역할을 한다.

가치와 콘셉트는 상호 교환적이다. 가치를 제공하기 위해서는 그에 걸맞은 콘셉트가 필요하다. 콘셉트가 있다면 우리는 반드시 '그것을 통해서 어떤 가치를 제공할 것인가?'라는 질문을 던져야 한다. (여러 가지 가치 중에서 가장 중요한 가치, 여러 가지 콘셉트 중에서 가장 핵심이 되는 콘셉트를 정의하는 작업이 전략이다.)

UX 전략에 대해서 더 알고 싶은 분은 저자의 다른 책 ≪이것이 UX/UI 디자인이다≫를 참고하기 바란다.

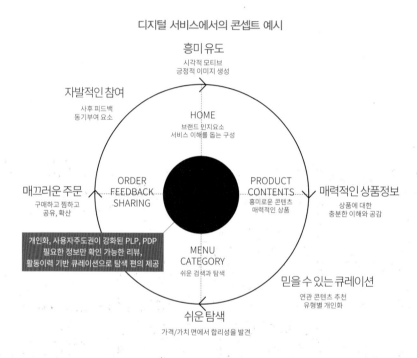

디지털 서비스에서의 콘셉트 예시

위 예시는 어떤 쇼핑몰에 대한 콘셉트를 나타내고 있다. 사용자에게 '믿고 구매할 수 있는 든든한 쇼핑 조력자'라는 가치를 전달하기 위해서 여정별로 어떻게 콘셉트가 순환돼야 하는지를 표현하고 있다. 콘셉트 단계에서는 새로운 서비스에 대한 구체적인 실행방안이 전부 드러나지는 않지만, 이러한 콘셉트 모델을 통해서 향후 서비스가 지향하는 전체적인 큰 그림을 확인할 수 있다. 전체적인 모델, 큰 그림은 서비스와 관련된 이해관계자들이 공통의 목표 의식을 가지고 이후 실행 단계를 진행할 수 있게 하는 초석 역할을 한다.

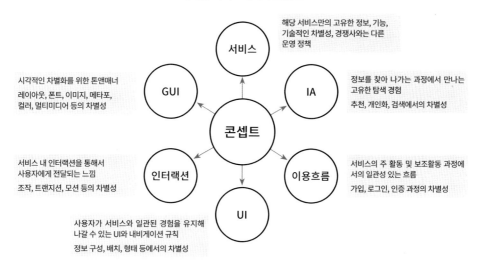

디지털 서비스에서의 콘셉트

- 서비스: 해당 서비스만의 고유한 정보, 기능, 기술적인 차별성, 경쟁사와는 다른 운영 정책
- IA: 정보를 찾아 나가는 과정에서 만나는 고유한 탐색 경험 / 추천, 개인화, 검색에서의 차별성
- 이용흐름: 서비스의 주 활동 및 보조활동 과정에서의 일관성 있는 흐름 / 가입, 로그인, 인증 과정의 차별성
- UI: 사용자가 서비스와 일관된 경험을 유지해 나갈 수 있는 UI와 내비게이션 규칙 / 정보 구성, 배치, 형태 등에서의 차별성
- 인터랙션: 서비스 내 인터랙션을 통해서 사용자에게 전달되는 느낌 / 조작, 트랜지션, 모션 등의 차별성
- GUI: 시각적인 차별화를 위한 톤앤매너 / 레이아웃, 폰트, 이미지, 메타포, 컬러, 멀티미디어 등의 차별성

'큰 그림'으로서의 콘셉트를 세운 다음에는 서비스, IA, 이용흐름(User Flow), UI, 인터랙션, GUI 영역별로 세분된 콘셉트 정의가 필요하다. 콘셉트가 실제 결과로도 이어지려면 '좋은 말 잔치'에 그쳐서는 안 된다. 각 영역에 맞게 그 특징을 어떻게 드러낼지 고민이 필요하다.

'콘셉트를 꼭 만들어야 하나요?'라는 질문을 종종 받는다. 부분적인 개선이라면 만들지 않아도 상관없다. 아니 오히려 만든다는 게 더 이상하다. 전체를 바꾸지도, 기존 서비스에서 크게 달라지지도 않는데 전략은 물론이고, 콘셉트가 왜 필요하겠는가? 그러나 기존과는 다른 성격의 서비스를 만든다거나 새로운 타깃을 노리거나 신기술을 접목한다면 콘셉트 없이 아이디어로만 접근하는 것은 한계가 있을 수밖에 없다. 결국 언젠가는 콘셉트를 고민할 수밖에 없을 것이다.

콘셉트를 결정하기 위한 탐색

서비스 콘셉트는 시각적인 느낌(Look & Feel), 언어적인 통일감(UX writing), 보유한 상품이나 기능의 특징에서 비롯되기도 하지만, 한편으로 IA 탐색 경로와 관련이 있기도 하다. 서비스에 진입하자마자 바쁘게 여러 가지 조건을 설명하고 원하는 정보를 찾게 할 것인가? 아니면 느긋하게 하나하나씩 둘러보면서 서비스를 탐색하게 할 것인가? 탐색에서의 콘셉트란 서비스주도권, 사용자주도권, 개인화 3자 간의 적절한 배분과 조화를 통해서 사용자들이 '해당 서비스만의 일관된 경험'을 이어 나가게 하는 것이다. 이렇게 사용자들이 어떻게 정보 탐색을 이어갈지에 대한 경로(funnel)를 정하는 것이 IA 콘셉트다.

디지털 서비스에서의 탐색 경로는 오프라인 매장에서의 이동 동선과 비슷한 면도 있지만, 실상은 그보다 훨씬 더 복잡하다. 물리적인 공간에서의 이동과는 달리 디지털에서는 탐색 방식이 훨씬 더 복잡하기 때문이다. 갑자기 특정 공간으로 점프할 수도 있고, 몇 가지 조건을 선택해서 진열된 상품을 조건에 해당하는 상품으로만 좁힐 수도 있으며, 심지어는 다른 사용자들이 생각한 꼬리표(tag)를 빌려와 해당 테마의 상품만 볼 수도 있다.

디지털 서비스에서의 탐색은 오프라인의 그것과 유사한 것도 있고, 디지털에서만 가능한 것도 있다

전체 지도　　　나침반　　　검색　　현재 위치와 그 경로　좁히기　　　꼬리표　　　이름

사용자들이 서비스에 들어오면 어떤 식으로 탐색이 이어지게 할 것인가? 처음부터 집중해서? 아니면 처음에는 느긋하게? 어떤 서비스는 처음부터 집중해서 여러 가지 선택과 입력을 하도록 유도한다. 반대로 어떤 서비스는 부담 없이 시작하면서 서비스 이해와 탐색을 병행한다. 동일 업종의 유사한 서비스라고 할지라도 IA 콘셉트를 다르게 가져간다면 사용자가 체감하는 각 서비스의 UX는 매우 큰 차이를 보일 수밖에 없다.

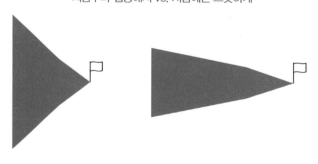

처음부터 집중해서 vs. 처음에는 느긋하게

처음부터 집중해서

특정 목적을 지닌 서비스들(Specified Services)은 찾아야 할 정보 범위가 정해져 (Exploratory seeking) 있거나 뭘 찾을지 분명(Known item seeking)한 편이다. 열차나 항공편을 예매할 경우, 사용자는 출/도착지, 날짜, 인원수를 본인이 알고 있어야만 서비 스를 이용할 수 있다. 이런 경우에는 처음부터 집중해서 탐색할 수 있게 서비스의 콘셉 트를 잡는다. 이 경우 진입하자마자 여러 가지 행동을 요구하지만, 서비스 특성상 오히 려 도움이 된다. 사용자에게 서비스 이용에 대한 명확한 가이드를 제시하기 때문이다.

가격 비교 서비스인 다나와는 처음부터 집중해서 탐색하는 대표적인 유형이다

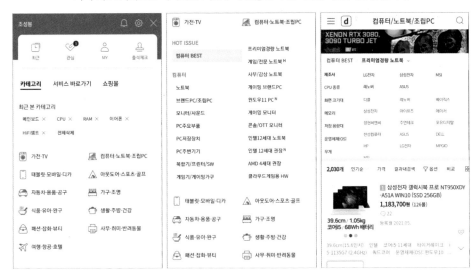

출처: 다나와

'처음부터 집중해서' 방식에는 세 가지가 있다.

필터 보기 탐색 경로

첫 번째는 다양한 조건을 선택하면서 좁고 깊게 탐색을 시작하는 것이다. 이를 필터 보 기 방식(Filtered View)이라고 부른다. 위에서 언급한 교통편 예매, 숙박지/여행상품 조 회, 수강 신청, 투자종목 찾기 등이 여기에 해당한다. 사용자에게 이미 원하는 조건이 존 재하고, 그 조건은 서비스가 제시하는 규칙과 부합된다. 수강 신청을 예로 들면 사용자

는 본인의 학년, 이전 학기 수강 내역에 따라 이번 학기에 수강할 학점, 필수 과목, 선택 과목, 강의 시간 등을 이미 알고 있다. 사용자는 이들 전부, 또는 일부를 처음에 선택해야만 서비스 이용이 가능하다.

다양한 카테고리 구분 및 필터를 사용하여 처음부터 집중적으로 정보를 탐색하는 예시

출처: 링커리어

순차적인 흐름을 따라가는 탐색 경로

두 번째는 서비스가 제시하는 순서에 따라서 순차적으로 서비스를 탐색하는 경로다. 사용자는 서비스가 시키는 대로 따라갈 수밖에 없으며, 서비스를 이탈하지 않는 이상 중간에 다른 영역으로 이동하는 것은 불가하다. 가입/신청/청약 등의 업무형 서비스가 주로 이런 탐색 경로를 이용한다. 순차적인 흐름이 시작되는 처음이 제일 중요하고 높은 주의력이 요구된다. 어찌 보면 일방적이라고 느껴질 수 있으나, 서비스 이용 목적이 분명한 경우 사용자가 이미 이 탐색 경로를 예상할 때가 많으므로 UX에 결함이 있다고 하기는 어렵다.

순차적인 흐름을 따라가는 노써치 맞춤 추천

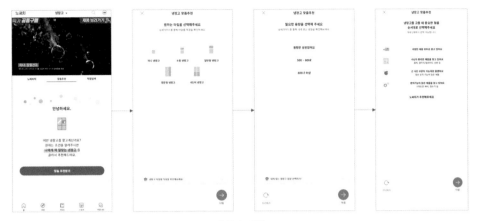

출처: 노써치

정보 등록 후 이용하는 탐색 경로

세 번째는 미리 정보를 등록해야만 서비스가 시작되는 방식이다. 본인 정보, 관심사, 제품 등록이 이에 해당한다. 주식 서비스는 종목 투자 또는 관심 종목을 등록해야만 하며, 대부분 핀테크 서비스는 본인 소유의 계좌를, 대부분의 SNS는 관심사 또는 연락처를 등록(연결)해야만 서비스가 시작된다.

IoT 앱은 처음에 보유한 기기를 등록해야만 서비스가 의미를 갖는다

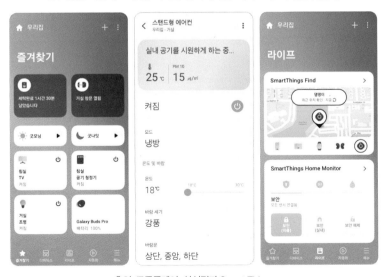

출처: 구글플레이, 삼성전자 Smart Things

27

처음에는 느긋하게

처음에는 느긋하게 진행하는 탐색 경로는 여러 개의 화면에 걸쳐 연속적으로 탐색이 이뤄지고, 화면당 사용자에게 요구하는 행동이나 정보 밀도 또한 낮다.

남성 의료 건강관리 서비스, 썰즈는 주요 질환별로 느긋하게 탐색을 시작하는 콘셉트다

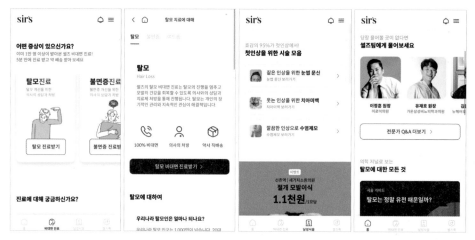

출처: 썰즈(sir's)

처음에는 느긋하게 진행하는 탐색 경로는 사용자에게 여러 가지 탐색 방식을 제시하고, 선택한 방식에 따라서 차츰 탐색이 진행된다. 처음 시점에는 다양한 탐색 도구가 동시에 제공되지만 그중 하나를 선택한 다음부터는 각각 다른 방식으로 탐색이 진행된다. 이 점은 '처음부터 집중하는' 방식이 다분히 획일적으로 탐색 방식을 강요하는 것과 대비된다. 이러한 콘셉트에서는 추천이 갖는 비중도 높은 편이다.

메뉴로부터 시작하는 탐색 경로

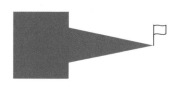

첫 번째 대메뉴 중 하나를 선택한 다음, 그 안에서 순차적으로 정보를 탐색하는 경로다. 대메뉴는 보통 서비스의 주요 특징이나 내용(Content)을 대표하므로 사용자의 탐색 경로에 중요한 분기점이 될 때가 많다. 특정 대메뉴를 선택한 뒤, 해당 메뉴 안으로 깊숙이 들어가기도 하고, 나오기도 하며, 검색이나 필터, 태그 등을 결합해서 사용하기도 한다.

메뉴 중에 하나를 선택해서 점차 원하는 정보까지 이동하는 예시

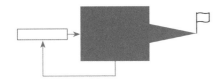

출처: 샐러드펫

검색으로부터 시작하는 탐색 경로

사용자들이 검색 기능을 쓰는 이유는 특정 정보를 바로 찾으려는 목적도 있지만, 어느 정도 찾으려는 정보 범위를 좁힌 다음에 그 안에서 탐색(Browsing)을 이어가고자 할 때도 있다. 이와 달리 검색 후에 다른 키워드로 재검색을 하거나 필터, 태그 등을 결합하여 검색 결과를 좁히기도 한다. 여러 가지 조건을 가지고 검색하는 것과 달리, 키워드 검색으로부터 시작하는 탐색은 밀도가 그다지 높지 않은 편이다. 검색 시점에서도 키워드나 추천 검색어, 태그 등으로 느긋하게 시작하고, 검색 이후에는 순차적으로 본인이 원하는 정보를 찾아 나가기 때문이다.

와인 전문 서비스인 보틀벙커는 검색 이후 차분하게 원하는 와인을 찾게 되어 있는 콘셉트다

출처: 보틀벙커(BOTTLE BUNKER)

홈 화면부터 시작하는 탐색 경로

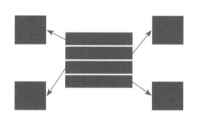

홈 화면에 노출된 다양한 콘텐츠나 바로가기 중에 하나를 선택해서 안으로 들어갔다가 다시 홈 화면으로 돌아와서 다른 정보로 이동하는 것을 반복하는 경로다. 홈 화면의 비중이 매우 큰 콘셉트다. 홈 화면은 아래로 매우 길거나 아예 무한 스크롤이 되는 경우도 있다. 백 키를 눌러서 홈으로 돌아갈 수도 있지만, 경로가 복잡한 경우에도 상시로 홈으로 돌아갈 수 있어야 하기 때문에 하단 탭 내비게이션이 별도로 존재하는 경우가 많다. 하단 탭 내비게이션에는 홈 이외에 메뉴 카테고리, 검색, 개인화, 설정 등이 같이 배치되기도 한다.

홈 화면부터 시작하는 탐색 경로 예시

출처: 아이부자

개인화/추천으로부터 시작하는 탐색 경로

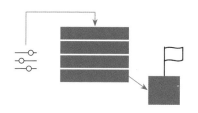

개인화/추천을 탐색 경로의 중심으로 할 경우, 메뉴나 검색과 같은 다른 도구는 상대적으로 눈에 띄지 않는 위치로 이동된다. 언제든지 이용할 수 있지만, 굳이 눈에 띌 필요는 없는 것이다. 개인화/추천은 맞아떨어졌을 경우에는 더할 나위 없이 효과적인 탐색 도구지만 그렇지 못했을 때는 서비스에 대한 신뢰도를 뚝 떨어뜨리기 때문에 어지간한 자신감이 있지 않은 한 추천만 단독으로 사용하는 경우는 거의 없다.

자산관리 서비스인 파운트는 초기에 본인 계좌 연동 이후부터는 설정된 정보 위주로 탐색이 진행된다

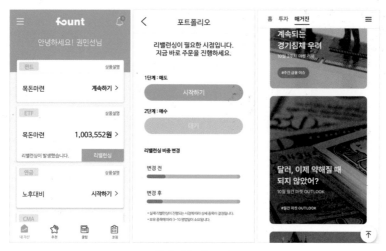

출처: 파운트(Fount)

또한 추천된 콘텐츠로부터 연계된 다른 정보로 이동하고 싶을 수도 있으므로 태그나 링크와 같은 정보 간 이동 장치를 부속으로 마련한다. 추천 중심의 서비스는 설정이 중요하다. 좋아요, 싫어요, 구독, 관심 없음, 채널 추천 안 함 등의 설정 기능이 있어야 사용자 각각의 입맛을 반영할 수 있다.

'대화'가 서비스이자 정보탐색인 AI 기반 서비스 예시. 대화가 핵심이기 때문에 구조는 단순하기 그지없다

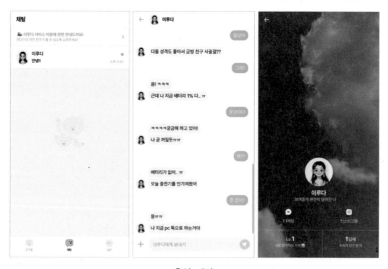

출처: 너티

IA 콘셉트, 탐색 경로 정하기

탐색 경로를 어떤 콘셉트로 잡느냐는 시비스의 세부직인 UX에 기울이는 노력을 무색하게 할 정도로 큰 영향을 미칠 수 있다. 정해진 탐색 경로에 따라 처음부터 부담된다는 얘기를 들을 수도 있고, 반대로 너무 답답하다, 복잡하다는 얘기를 들을 수도 있기 때문이다.

탐색 경로가 얼마나 중요한지 알았다면, 그것을 정할 때 고려할 사항도 같이 살펴보기 바란다.

- 탐색 경로를 정할 때는 처음에 고생스럽더라도 빠르게 원하는 결과를 찾게 할 것이냐? 순차적으로 탐색을 이어 나가는 과정에서 뜻밖의 즐거움까지 전달할 것이냐를 판단해야 한다.

- 서비스 특성에 따라 어쩔 수 없이 선택해야 하는 탐색 경로가 있다. 그럼에도 불구하고 탐색의 밀도나 복잡성은 여러분의 판단대로 조정할 수 있다.

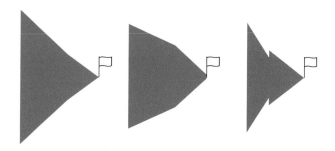

- 처음부터 지나치게 많은 행동을 요구하는 것은 옳지 않다. 어느 정도가 적정한지는 서비스 특성에 따라 달라질 수 있는 문제이기 때문에 일률적으로 말하기 힘들지만, 어찌 됐든 사용자를 처음부터 지치게 하는 것은 바람직하지 않다. 목적의식이 강한 사용자일지라도 수용할 수 있는 시작이 제시돼야 한다.

- 어느 하나의 탐색 도구를 중심으로 세웠을지라도 2차, 3차 장치를 마련해야 한다. 이를 판단할 수 있는 가장 좋은 준거는 실제 사용자들의 심성모형(Mental Model)을 들여다보는 것이다. 사용자가 서비스 내의 정보를 어떤 식으로 찾아 나가는지를 알아야 한다.

사용자의 목적이 기능적 용도에 머무르는 서비스는 그 구조나 흐름이 거기에 초점 맞춰져 있다

출처: 스쿼트챌린지

- 서비스 내용 못지않게, 기기의 특성도 감안해야 한다. 예를 들어 PC와 모바일에서의 탐색 경험은 매우 상이하다. PC에서는 홈 화면 의존도가 모바일에 비해 약한 반면, 메뉴나 내비게이션에 대한 의존도는 매우 높은 편이다.

- 스크롤, 스와이핑과 같은 기본적인 인터랙션도 함께 고려한다. iOS에서는 큰 스와이프(Large Swipe)를 통해서 이전 화면으로 돌아가는 특성이 있다. 안드로이드에서는 iOS에 비해 백 키가 빈번하게 사용된다.

- 보텀시트(Bottom sheet), 캐러셀(Carrousel), 수평적인 화면 이동(Horizontal Slide along)과 같은 UI 변화도 함께 고려한다. 지엽적인 탐색 경로는 이들을 통해서 해소할 수 있을 것이다.

- 좋은 IA 콘셉트를 세우기 위해서는 다양한 탐색 도구의 특징과 가능성을 잘 알아야 한다. 도구를 모르는 장인이 없듯이, 여러분도 각 탐색 도구를 확실하게 이해하고 있어야 한다.

공간적인 경험이 주를 이루는 메타버스형 서비스에서는 공간, 커뮤니티, 개인화가 IA의 중심이 된다

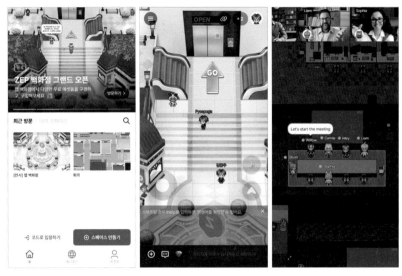

출처: 젭(ZEP)

목적의식적인 서비스에서는 아무래도 '처음부터 집중해서' 방식이 걸맞다. 찾고자 하는 정보가 다양한 조건이 결합되는 경우도 마찬가지다. 예를 들어 항공편을 예약하는 경우에는 출/도착지, 일정, 인원, 등급 등의 조건을 모두 선택해야만 원하는 항공편을 찾을 수 있다. 그러나 처음부터 여러 가지 조건을 생각하고 시작하는 것을 당연하게 여기지 않고, 느긋하게 시작하는 경로도 제공할 수 있다.

스카이스캐너 Everywhere 검색

출처: 스카이스캐너

UX/UI 디자인

완벽 가이드:

IA와 유저 플로우 편

3

유기적인 정보 간
이동

"디지털 서비스는 정보를 찾아가는 경로뿐만 아니라,
현재 정보에서 다른 정보로 이동하는 경로 또한 UX적으로 중요한 문제가 된다.
정보 간 이동이 매끄럽지 않을 경우, 사용자는 메뉴나 검색,
홈 화면으로 돌아가기 등을 선택할 수밖에 없고
그것은 자연스럽지도 못하지만 노력이 더 요구된다."

정보

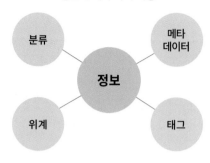

정보의 여러 가지 특징

분류 · 정보 · 메타데이터 · 위계 · 태그

디지털 서비스에서 정보는 특정한 분류체계에 의해서 분류되고, 특정한 위계 가운데 위치해 있으며, 여러 가지 메타데이터나 태그에 의해 서술될 수 있다.

분류는 편의상 쉽게 정보를 찾아가게 하기 위해 만든 형식적인 체계다. 동일한 정보라고 하더라도 그것을 태스크 측면에서 분류할 수도 있고, 주제에 의해 분류할 수도 있다. 예를 들어 '테니스'는 운동하기(태스크)로 분류할 수도 있고, 구기 운동(주제)으로 분류할 수도 있다. 정보는 특정 분류체계상에서 자신만의 위치를 점한다. 그 위치에 따라서 상위 위계(테니스 입장에서는 구기 운동), 동일 위계(테니스-배드민턴), 하위 위계(테니스〉실내테니스)가 존재한다.

분류체계와 위계가 결합된 것이 메뉴다

출처: 발뮤다, 네이버, 아디다스

모든 정보는 기본적으로 자신만의 속성인 메타데이터를 지니고 있다. 테니스의 메타데이터는 규칙, 용어, 용품, 경기장, 대회 등이 있을 수 있다.

마지막으로 정보는 태그에 의해서 꾸며질 수 있다. 태그는 운영자가 만들 수도 있지만, 사용자들 사이에서 만들어지기도 한다.

정보와 태그 간의 관계를 보여주는 예시

출처: 인스타그램

메뉴보다는 추천, 메타데이터보다는 태그

최근의 탐색 트렌드를 대표하는 말이다. 사용자들은 점점 추천에 익숙해져 가고 있다. 본인이 직접 메뉴를 찾아 나서지 않는다. 메뉴는 가끔 사용하는 정도이고, 검색도 종종 쓰긴 하지만, 대부분 추천 정보에 더 익숙하다. 한편, 원하는 정보를 찾기 위해 현재의 결과를 좁히거나 정보에서 다른 정보로 이동할 때도 체계적인 메타데이터보다는 '더 재미있어 보이고, 친근하게 느껴지는' 태그를 많이 이용한다.

어떤 정보를 제공하는지도 중요하지만, 디지털 서비스에서의 정보는 우리의 노력 여하에 따라 그 이상의 가치를 부여할 수 있다. 친근하게 와 닿는 설명이나 큐레이션 정보를 덧붙여서 정보의 유용성을 높일 수도 있고, 테마별로 정보를 재구성 혹은 가공하여 정보를 더 맛깔 나게 만들 수도 있다.

테마별로 정보를 구성하여 상품에 대한 매력을 더 돋보이게 보여주는 예시

출처: 팔도감(8dogam)

웹소설 플랫폼, 스토리네이션은 태그 기반으로 작품과 세계관을 넘나들면서 탐색의 재미를 부여한다

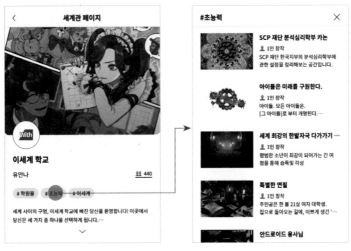

출처: 스토리네이션

정보에서 다른 정보로의 이동

서비스 시작부터 원하는 정보까지 순차적으로 접근하는 것은 IA에서 매우 중요한 작업이다. 그러나 최근에는 시작이 어디라고 특정 짓기 힘들 정도로 사용자들이 서비스에 진입하는 경로가 다양하다. 해당 앱을 실행해서 처음 만나는 홈 화면이 시작이라면, 메시지 앱이나 SNS, 가격비교사이트를 통해서 접근해 들어오는 화면도 시작이 될 수 있다. 홈 화면에서 출발하는 탐색 경로는 메뉴, 내비게이션, 검색 등을 주로 이용하지만, 외부에서 접근해 들어오는 화면은 어떻게 다른 메뉴/화면/정보로 이동할 수 있을까?

디지털 서비스에서는 정보를 찾아가는 경로뿐만 아니라, 현재 정보에서 다른 정보로 이동하는 경로 또한 UX적으로 중요한 문제가 된다. 정보 간 이동이 매끄럽지 않을 경우, 사용자는 메뉴나 검색, 홈 화면으로 돌아가기 등을 선택할 수밖에 없고 그것은 자연스럽지도 못하지만 노력이 더 요구되기도 한다.

아래 넷플릭스 콘텐츠 상세 화면에서는 기본 트레일러, 재생, 다운로드, 콘텐츠 설명뿐만 아니라 '에피소드, 유사한 콘텐츠, 다른 트레일러 및 기타'로의 이동을 함께 제공하고

있어서 시청 시작 전에 해당 콘텐츠를 살펴보고자 하는 사용자의 니즈를 담아내고 있다. 이와 같은 정보 간 이동 구조는 모든 콘텐츠에 동일하게 적용된다.

넷플릭스 콘텐츠 상세 화면

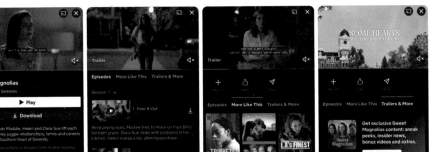

출처: 넷플릭스, From mobbin

예측된 이동과 예측하기 힘든 이동

예측된 이동이란 사용자들이 기대했던 위치에 기대했던 이동이 한눈에 봐도 직관적으로 나타나는 것을 말한다. '여기에 다른 선택지가 있을 거야'라고 생각했는데, 그게 정말 그 위치에 생각했던 형식으로 있다면 그것은 예측된 이동이라고 할 수 있다. 반면에 예측하기 힘든 이동은 '정보 간 이동'에 대한 사용자의 기대를 아예 외면하거나 사용자 기대와는 다른 위치와 형식으로 다소 복잡하게 제공되는 것을 말한다.

사용자들이 '예측하기 쉬운 이동'은 다음과 같은 특징을 지닌다.

1. 전후 문맥을 고려하여 이웃한 정보로의 이동이 원활하다. 앞 장에서 예시로 든 넷플릭스의 경우에는 콘텐츠를 보다가 출연 배우나 감독 정보로 이동하는 것이 여기에 해당한다.

2. 논리적으로 상하관계에 있는 상위 정보와 하위 정보로의 이동이 원활하다. 유튜브에서 콘텐츠를 보다가 해당 콘텐츠의 크리에이터 홈 화면으로 이동하거나 해당 콘텐츠에서 소개한 링크로 연결되는 것이 여기에 해당한다.

3. 개념적으로 봤을 때 '이 정보 안에는 이런 정보가 있을 거야'라는 기대를 뒷받침한다. '예측된 정보 간 이동' 중 가장 어려운 부분이다. 논리적으로는 연결되지 않지만, 사람들이 의례 당연시하는 연결을 제공해야 하기 때문이다. 셰익스피어에 대한 책을 보다가 셰익스피어 원작의 영화 정보를 제시하거나 비틀즈를 듣다가 당시 인기 있던 다른 영국 밴드를 소개하는 것 등을 예시로 들 수 있다. AI의 발전과 더불어 이렇게 다양한(diversity) 정보로의 연결이 가능해졌다.

4. 예정된 순서에 맞게 다음 순서로 이동할 수 있다. 파리행 항공편을 예매한 뒤에 샤를 드골 공항의 렌터카 정보나 파리 시내 추천 숙박 정보를 제공하는 것이 여기에 해당한다.

전후 문맥, 논리적 위계, 개념적 상하관계, 예정된 순서에 따른 정보 간 이동은 특별히 고려할 만한 게 없다. 누구나 쉽게 수긍이 가는 이동이기 때문이다.

길 안내 서비스: 전체 경로 화면에서 실시간 길 안내 화면으로 이동

출처: 티맵

위 티맵 전체 경로 화면(A)에서 실시간 길 안내 화면(B)으로 이동하는 것은 누가 봐도 자연스럽다. 그러나 실제 길 안내 화면(B)에서 다른 경로(D)(예를 들어 티맵 추천이 아닌 최소시간)를 선택하려면 (C)를 거쳐야 한다. A에서는 아무것도 아니었던 일이, B 화면에서는 복잡하다. B~D는 동일 화면임에도 불구하고 B-C-D로의 이동이 A-B로의 이동보다 오히려 복잡하게 느껴진다. 물론 티맵 관계자가 "B 화면에서 다른 경로를 선택

하고자 하는 사람은 거의 없어요."라고 확신을 가지고 말한다면 그것은 탁상공론에 불과하다. 앞서 말한 바와 같이 '예측된 이동'은 화면이 여러 개로 나뉘어 있어도 누구나 쉽게 수긍하기 때문에 복잡하게 느껴지지 않는다. 문제는 '예측하기 힘든 이동'에 관한 것이다. 실시간 길 안내 시점(B)에서 과연 '다른 경로'를 선택하고 싶은 사람이 얼마나 많은지를 우리는 알아야 한다. 유효한 수의 사람들이 그것을 원한다면 '다른 경로'로의 이동이 현재보다 더 간결하고 직관적으로 수정돼야 할 것이다.

정보 간 이동 방식

현재 정보에서 다른 정보로의 수평적인 이동

현재 조회 중인 정보와 유사한 성격의 정보로 이동하는 방식이다. 가장 일반적인 정보 간 이동 방식이며, 주로 쇼핑몰이나 콘텐츠 서비스에서 자주 사용한다. 유사한 정보를 제시할 때도 있지만, 동일 카테고리 내의 인기 정보(예: 베스트 스포츠 양말)나 최신 정보(예: 새로 나온 크리스마스 인테리어 용품), 이전에 보거나 구매했던 정보(예: 장바구니에 동일한 스탠드 조명이 담겨 있음), 추천 정보(예: 인테리어에 관심 많은 혼족을 위한 최신 블라인드)를 주로 사용한다. 물론 이 중에서 하나만 제공할 필요는 없으나, 지나치게 많이 나열할 경우에는 해당 화면의 유용성이 올라가는 만큼 서비스 전체에 걸친 복잡성은 통제하기 힘들 정도로 올라가기 때문에 2~3개의 방식만 선택해서 제공하기를 권한다.

왼쪽부터 나이키 '유사한 정보', 타깃 '추천 정보', Etsy '카테고리 내 인기 정보'

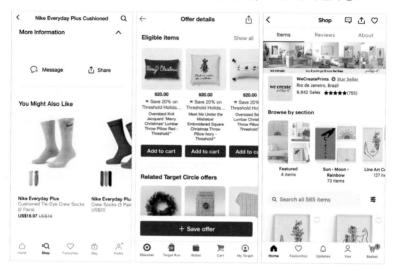

출처: 나이키, 타깃, Etsy, From mobbin

다음 예시는 인스타그램 게시물에서 '유사 검색' 버튼을 탭 했을 때, 현재 게시물과 유사한 게시물 목록으로 수평적 이동을 하는 것을 보여준다.

인스타그램 유사 게시물 검색

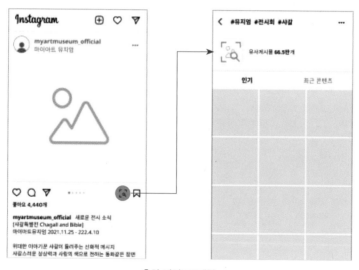

출처: 라이트브레인

현재 정보와 위계 관계인 정보로의 수직적인 이동

현재 정보의 상위 위계, 혹은 하위 위계로 이동하는 방식이다. '위계(hierarchy)'라는 말에서 알 수 있듯이 정보 분류상 현재 정보보다 위에 있는 정보, 또는 아래에 있는 정보로 이동하는 방식이다. 위로 가는 것은 좀 더 넓게, '나무가 아닌 숲'을 보겠다는 의도를 뒷받침하는 것이고, 아래로 가는 것은 좀 더 세부적으로, 나무의 줄기, 뿌리, 서식하는 동식물을 보겠다는 의도를 뒷받침하는 것이다.

보통 상위 위계에 해당하는 정보는 해당 정보와 관련된 사람/회사/브랜드/채널/시리즈일 때가 많고, 하위 위계에 해당하는 정보는 현재 정보로부터 파생된 댓글/통계/옵션/부품/에피소드 등일 때가 많다. 다른 정보로 이동한다는 것 자체는 '수평적인 이동'과 다를 바가 없지만, 위계가 달라지면서 정보의 성격 또한 달라지면서 UX상의 큰 변화를 초래한다. 위로 올라갈 경우에는 현재의 정보를 벗어나 좀 더 넓은 문맥으로 진입하는 것이고, 아래로 내려간다는 것은 현재 정보를 좀 더 심층적으로 들여다보는 것이다.

왼쪽부터 Etsy '채널 정보', Klarna '브랜드 정보', 파라마운트 '시리즈 정보'

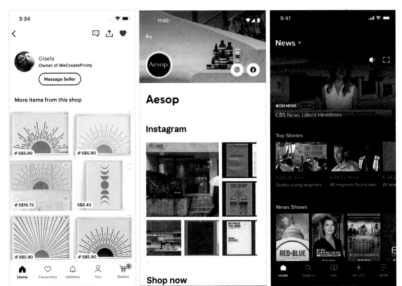

출처: Etsy, Klarna, 파라마운트, From mobbin

현재 정보와 맥락이 이어지는 다른 정보로의 이동

연속적으로 행동이 이어지는 예약/신청이나 기능성 서비스에서 주로 채택되는 정보 간 이동 방식이다. 항공권/숙박을 예매한 사람들은 맥락상 렌터카나 여행상품(attraction) 정보도 보고 싶어 할 것이다. 새로 차를 구매한 사람이 모바일로 차량과 연결했다면 연결 자체에서 끝나기보다는 라디오 선국이나 기존에 사용하던 구독 서비스(음악, 유튜브, 넷플릭스)나 간편결제 계정으로 연결하기를 원할 것이다. 어떤 행동은 맥락상 다음 행동이 뻔히 예측되는 경우가 있다. 사용자는 하나의 흐름상 연속해서 여러 정보를 조회하고, 업무도 처리할 수 있기를 원하기 때문에 현재 정보와 맥락이 이어지는 다른 정보로의 이동이 뒷받침된다면 좋은 UX가 될 때가 많다.

다음 예시는 토스에서 카드를 발급받고 해당 카드를 OTP로 등록하는 과정을 보여준다. 발급받은 카드를 등록하자 카드 기능 중 하나인 'OTP'를 안내해준다. 이미 사용자는 카드 등록 과정에서 실물 카드를 눈앞에 지니고 있을 확률이 높으므로 간단한 몇 가지 행동(사실 스마트폰 뒤에 갖다 대는 게 전부다)만으로 추후에 '간편한 OTP 인증'이라는 가치를 주게 될 OTP 등록을 이어서 할 수 있었다.

토스 카드의 OTP 등록 과정

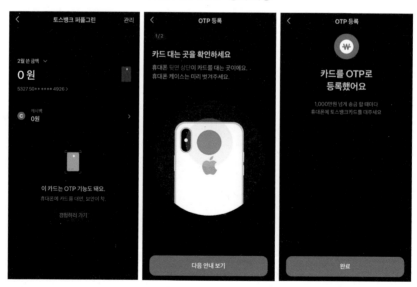

출처: 토스

금융연수원에서 은행들을 대상으로 모바일 UX/UI를 강의할 때 글쓴이가 자주 비교하는 것이 카카오뱅크와 토스다. 카카오뱅크는 안타깝게도 디지털의 장점을 충분히 활용하고 있지 못하다. 전쟁사학자들이 말하는 '공세종말점(처음 공격을 시작할 때 가졌던 기세가 더 이상 전진하지 못하고 공격이 힘을 얻지 못하는 지점)'에 다다른 것 같다. 반면에 토스는 디지털을 아주 잘 이해하고 있고, 매번 디지털에 걸맞은 새로운 서비스나 기능이 출시되고 있다.

현재 정보의 메타데이터/태그를 통한 이동

현재 정보에 대한 링크나 연관된 다른 정보를 보여주는 것이 아니라, 현재 정보에 포함된 메타데이터나 태그를 통해 정보 간 이동을 제시하는 방식이다. 사용자가 어떤 정보에 접근했을 때는 정보의 내용 때문일 수도 있지만, 정보의 특징, 다시 말해 정보를 서술하는 속성 가운데 하나에 관심이 있기 때문에 찾는 경우도 많다. 정보의 속성인 메타데이터나 태그를 제시하면 사용자 의도 가운데 하나를 뒷받침할 수 있다. 주로 목적의식이 강한 동기, 신중하게 정보를 찾는 탐색 경험에서 이러한 방식이 효과를 발휘한다.

다음 예시 왼쪽의 Medium(온라인 매거진)은 기사와 관련된 태그를 하단에 나열해서 해당 기사 주제(topic) 중 하나에 관심 있는 사람들이 다른 기사로 이동할 수 있게 했다. 중앙의 유튜브는 동영상에 대한 태그를, 오른쪽의 네이버쇼핑은 상품에 대한 태그를 노출하여 마찬가지로 특정 주제와 관련된 정보로의 이동을 유도하고 있다. 때로는 직접 정보를 보여주는 것보다 이렇게 관련 주제를 제시하는 것이 탐색을 더 원활하게 할 수 있다. 이 방식은 다른 정보(조회 화면)로 바로 이동하는 게 아니라, 선택한 주제에 해당하는 정보(목록 화면)로 이동한다는 점이 다르다.

태그를 이용한 정보 간 이동

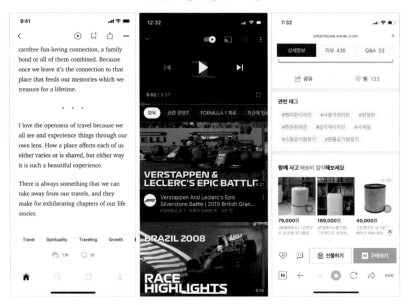

출처: Medium, 유튜브, 네이버쇼핑

IA와 이용흐름

IA와 이용흐름(User Flow)은 서비스에 대한 전체적인 뼈대를 만드는 작업이다. IA는 구조, 이용흐름은 흐름을 담당한다고 보면 명확하지만, 도구가 아닌 탐색 과정으로 본다면 둘 간에 겹치는 부분이 많이 있다. 정보 간 이동은 IA와 관련되기도 하지만, 어떻게 보면 이용흐름에서 다뤄야 할 이슈라고도 볼 수 있다. 둘 중에 어느 게 더 중요하다고 말하기는 어렵다. 서비스나 과제의 성격에 따라 IA가 중요한 과제가 있고, 이용흐름이 더 중요한 과제가 있기 때문이다. 그러나 뼈대가 없으면 집을 지을 수 없듯이 IA가 이용흐름보다 비중 있게 다뤄지는 것은 사실이다. 이용흐름은 구체적인 서비스 내 작업(Task)을 어떤 순서대로 설계할 것이냐를 다루는 방법론에 가깝기 때문에 IA처럼 일반적인 가이드를 정하기가 애매한 부분이 있다.

이 책은 IA 중심으로 집필했기 때문에 영역 구분에 구애치 않고, 이용흐름에 대한 내용도 중간중간 포함했다. 다음 이미지는 UX/UI 프로세스에서 IA 설계와 이용흐름 설계가 진행되는 과정을 조명하고 있다.

UX 프로세스 후반부

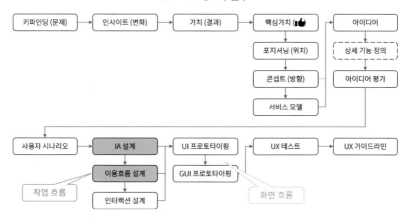

이용흐름(화면 흐름) 설계 예시

출처: 라이트브레인 UX 아카데미 20기 '애플건강'조

위 애플건강 온보딩 이용흐름 예시를 보면, 1행에서의 흐름은 작업(Task) 전개에 따른 화면 간 이동 방식인데 비해, 2행에서의 흐름은 같은 화면 내 스크롤에 따른 화면 내 이동과 바로가기 버튼을 탭 했을 때 '편집' 화면으로의 이동 과정을 다루고 있다. 반면 같은 앱의 다음 예시에는 검색이라는 탐색 과정상의 화면 이동 방식을 보여준다. 이용흐름과 IA를 함께 고민한 결과다.

이용흐름과 IA를 함께 고민한 설계 예시

출처: 라이트브레인 UX 아카데미 20기 '애플건강'조

화면 간 이동 방식

화면 간 이동 방식은 앞에서 살펴봤던 정보 탐색 방식이나 정보 탐색 경로(funnel)와 불가분의 관계에 있다. 정확하게 일치하는 경우도 있고, 앞에서는 없었는데 화면 간 이동에는 있는 것도 있다.

연속적 흐름

찾고자 하는 정보가 명확할 때 보이는 흐름이다. 서비스 접근 후 원하는 결과에 최종적으로 이르기까지 사용자는 서비스가 제시하는 흐름을 따른다. 따라서 서비스주도권이 중요하다. 사용자가 따르는(따를 수밖에 없는) 연속적 흐름이 비효율적이거나 지나치게 과도한 행동(입력, 선택, 인증 등)을 요구한다면 사용자는 쉽게 서비스를 이탈하고 다른 대안을 찾는다. 흐름 자체는 단순하지만 이렇게 까다로운 점이 도사리고 있다.

연속적인 이용흐름 예시

출처: 토스

앞에서 예시로 든 토스의 마이데이터 연동 과정을 매우 작은 단위로 화면을 분할하고 사용자의 행동이 물 흐르듯이 매끄럽게 이어지게 했다. 군더더기 같은 행동은 최소화해 화면은 많지만 과정상 복잡성은 전혀 느껴지지 않는다.

모 기업의 UX 담당자와 상품 가입 이용흐름 개선에 대해 얘기를 나눌 때였다. 그 담당자는 얼마 전에 외국계 회사로부터 컨설팅을 받았는데, 그 결과가 영 미덥지 않다고 했다.

"상품 가입 과정을 두 개 화면으로만 하라고 하더라고요. 그것이 새로운 UX 표준이라면서. 그런데 상품별로 저마다 특징이 있고 요구하는 조건이 다른데, 무조건 두 화면으로 하는 게 맞을까요?"

그래서 그건 UX가 아니라고 답했다. UX 분야가 급성장하면서 선무당도 많이 유입됐다.

연속적 이용흐름에서는 앞으로 가는 것뿐만 아니라 뒤로 돌아가서 이전에 봤던 정보를 확인하거나 이전에 했던 입력과 선택을 정정하는 경우도 종종 볼 수 있다. 따라서 뒤로가기 설계도 매우 중요한 부분 가운데 하나다. 특히 모바일에서는 사용자들이 뒤로가기를 이용한다. 연속적으로 뒤로가기를 눌러서 홈 화면으로 돌아가거나 앱을 종료하기도 한다.

위계가 다른 페이지를 돌아다닌 경우에는 뒤로가기 시 이전 화면으로 돌아가는 게 맞다. 그러나 동일 위계의 화면을 꼬리에 꼬리를 물면서(Berry Picking) 돌아다니다가 뒤로가기를 누른 경우에는 그사이에 돌아다닌 화면들을 일일이 거치지 않고 상위 위계(hierarchy) 화면으로 가는 게 맞다.

위계가 다른 페이지를 돌아다닌 경우에는 뒤로가기 시 이전 화면으로 돌아가는 게 맞다

출처: 국민은행

반복적 흐름

반복적인 이용흐름 예시

출처: 쿠팡

검색 위주의 정보 탐색 방식에서 보이는 흐름이다. 명확하게 '뭘 찾겠다'는 것은 없지만, 대략 원하는 조건이 있을 때 결과와 검색 또는 필터를 반복적으로 오가며 정보를 찾는 흐름이다. 흐름이 단순한 데다가 탐색 도구에 전적으로 의존하기 때문에 이용흐름 측면에서의 고려사항은 많지 않다. 사용자는 본인이 원하는 결과를 만나기까지 위와 같은 흐름을 반복할 것이다.

그림에서 오른쪽 예시는 쿠팡의 검색 결과 화면이다. '32인치 모니터'라는 검색 결과 화면을 기준으로 결과를 더 좁히는 '필터링'을 할 수도 있고, 검색창을 탭 해서 이전에 입력했던 검색어를 수정하거나 아예 다른 검색을 시도할 수도 있다. 이와 같이 검색 결과 화면을 기준으로 이전(검색어 수정), 이후(필터)를 자유롭게 오갈 수 있게 하는 것은 다른 서비스에서도 흔히 볼 수 있는 방식이다.

일회성 조회/활동 흐름

일회성 조회/활동 이용흐름 예시

출처: 애플, 키움증권, 국민은행

이전에 봤던 정보를 시점별로 다시 찾는 정보 탐색 방식에서 보이는 흐름이다. 사용자가 원하는 게 분명하고 빠르게 그것에 접근하기를 원할 때 해당된다. 여기에서 정보는 형식은 그대로인데, 내용은 시간에 따라 달라지는 성격을 띤다. 날씨나 주가 시세, 현재 계좌 잔액, 누적 포인트 확인 등이 해당한다. 사용자 입장에서는 형식이 뻔하다 보니 고려 요소가 적다. 빨리 접근만 하면 되는 것이다. 신속하게 진행되는 것이 생명이다 보니 위젯이나 홈 화면을 통한 바로 조회, 별도의 개인화 화면을 통한 모아보기 등이 많이 사용된다.

탐색모드 식별 흐름

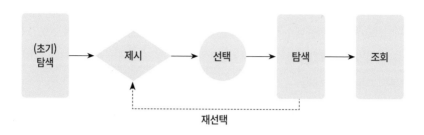

'사용자주도권' 부여를 통한 탐색 모드 식별 방식에서 보이는 흐름이다. 사용자가 처음에 카테고리 선택이나 조건 제시를 하면 여러 가지 방식을 제시하고, 그중 하나를 선택해야 만 탐색 흐름이 이어진다. 이전으로 돌아가서 다른 방식을 선택하면 앞에서와는 다른 방식의 탐색이 다시 전개된다. 같은 서비스에서 다양한 방식으로 정보를 탐색할 수 있다는 게 이 방식의 매력이다. 찾고자 하는 정보나 찾고자 하는 동기에 적합한 탐색모드가 따로 있을 경우 이 방식은 더 효과적이다. 예를 들어 상품이 명확하게 정해져 있을 경우와 여러 상품의 특징을 비교하는 경우, 사긴 사야겠는데 요즘 어떤 상품이 좋은지 전혀 모르는 경우 등 상황에 따라서 적합한 탐색모드가 따로 있을 것이다.

탐색모드 식별 이용흐름 예시

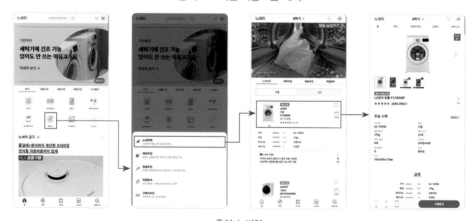

출처: 노써치

가전제품 비교 서비스인 노써치에서는 카테고리 선택 후에 어떤 식으로 탐색할지에 대한 옵션을 제시한다. 그중 사용자가 선택한 방식으로 정보를 조회하고 이후 여정이 이어지는데, 다른 방식으로 보기를 원할 경우에는 다시 '탐색모드 식별' 과정으로 돌아가서 다른 방식을 선택할 수 있다. 얼핏 보면 번거로워 보일 수 있지만, 서비스가 주도해서 제시하는 다양한 방식에 정보 탐색을 의존할 수 있어 구매 동기가 있는 사용자에게는 좋은 경험으로 작용할 수 있다(노써치픽: 노써치가 직접 고른 추천 상품, 테마 추천: 사용자의 라이프스타일에 맞게 추천, 맞춤 추천: 조건 검색, 직접 탐색, 구매 가이드).

예상 결과를 포함한 탐색모드 식별 이용흐름 예시

출처: 티맵

앞에서 예시로 든 길 찾기 서비스인 티맵에서도 이런 탐색모드 식별 과정이 있다. 사용자가 길 찾기 시, 탐색모드(티맵 추천, 최소시간, 최단 거리 등)를 제시하고 그중 하나를 선택하면 서비스가 시작된다. 노써치와 다른 점은 탐색모드 제시와 더불어 그 결과도 함께 보여준다(소요 시간, 유료)는 점이다. 결과가 같이 보이기 때문에 사용자는 좀 더 명확한 판단을 내릴 수 있다. 가령 티맵 추천보다는 최소시간을 선택하거나 1~2분 차이라면 무료도로를 선택하는 것처럼 말이다.

설정을 통한 개인화

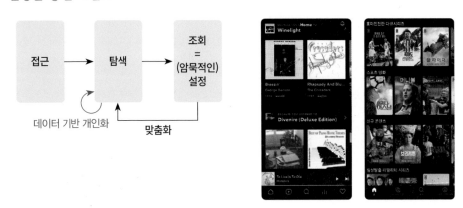

출처: Tidal, 넷플릭스

최근 개인화/추천을 통한 정보 탐색이 많아지고 있다는 얘기를 앞에서 했는데, 그것과 관련된 흐름이다. 서비스가 주요 정보 탐색 방식을 제공하고는 있으나, 추천이 가장 중심이다. 사용자는 본인이 원하는 추천을 받기 위해서 좋아요/싫어요 등의 설정(맞춤화)을 하거나 조회/구독/좋아요/싫어요 등의 명시적인 행동 등을 통해서 암묵적으로 설정을 한다(본인의 취향/관심사를 서비스에 드러낸다).

비목적의식적인 이용흐름

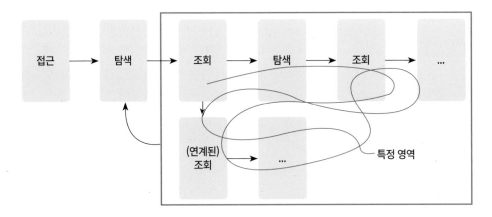

뭘 찾아야 하는지 모를 때 보이는 이용흐름이다. 원하는 결과를 얻기 위해서 전체 서비스 영역 내에서 무작위적인 탐색과 조회를 번갈아 한다. 예측이 어렵기 때문에 특별히 이용흐름 설계에 대한 지침은 따로 없다.

비목적의식적인 이용흐름이 대부분인 '왁타버스' 속 뮤지션들의 음악차트 제공 서비스

출처: 왁타버스 뮤직 (Waktaverse Music)

이용흐름(시나리오, 작업 흐름) 설계 예시

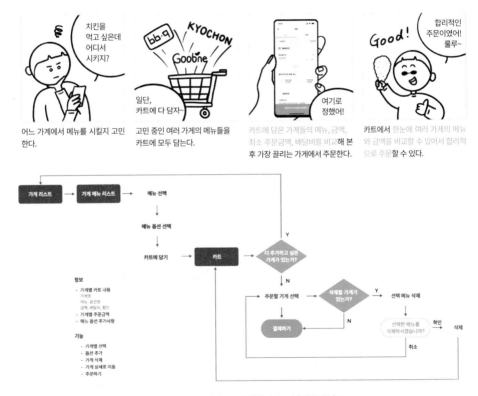

출처: 라이트브레인 UX 아카데미 20기 '쿠팡이츠'조

앞에서 본 시나리오나 작업흐름은 이후 UI 프로토타입이 어느 정도 진전을 보이면 UI와 결합하여 화면 흐름으로 발전된다. 다시 말해, 순서도 형태의 작업 흐름이 UI가 결합되면 화면 흐름으로 변화하는 것이다. 화면 흐름을 설계할 때는 사용자가 어떤 조작을 했을 때 화면 내, 화면 간 이용흐름이 전개되는지도 명시해야 하기 때문에 인터랙션 설계도 개입된다.

화면 흐름 설계 예시

출처: 라이트브레인 UX 아카데미 20기 '네이버지도'조

4

연결 매개체

"디지털에서는 정보와 정보를 연결해주는 역할로
'매개체'를 잘 활용할 필요가 있다.
메뉴를 매개체로 해서 정보와 정보가 연결되고,
정보 안에 들어간 메타데이터나 태그, 맥락, 흐름 등이
매개체가 되어 '더 자연스럽게' 현재 정보에서
다른 정보로의 이동이 가능해진다."

연결 지향적 사고
디지털 서비스에서의 연결
사람 간의 연결
정보 간 연결 매개체
체계적인 정보 연결 매개체
비체계적인 정보 연결 매개체

연결 지향적 사고

기본적으로 우리 뇌는 연결 지향적 사고를 하게끔 되어 있다. 뇌는 수많은 뇌세포가 서로 연결됨으로써 작동한다. 우리가 생각하고 행동하고 감정을 느끼는 것은 서로 다른 뇌세포들이 연결되면서 특정한 지각, 운동, 기억, 느낌을 만들어 내는 것이다. 우리는 각개인의 경험은 물론, 이전의 기억, 사회적인 상식 등에 기반해서 서로 다른 사실들을 연결한다. 기존에 알던 정보/지식/정서를 새로운 정보에 대입하여 해석한다. 어떤 연결은 너무 당연한 거라서 따로 떼어놓는 것이 오히려 이상하다. 반대로 어떤 연결은 억지스럽고 부자연스럽다. 한마디로 개연성이 떨어진다.

사람들은 눈앞에 보이는 현상을 지각하는 과정(pattern recognition)에서 이전에 겪었던 경험, 기억, 사회적 상식을 대조하기 때문에 이를 잘 이용하면 사용자에게 정보 이상의 정보를 제공하거나 연상 작용을 불러일으키면서 교묘하게 정보를 전달할 수 있다.

상식과 기억을 잘 활용한 광고들

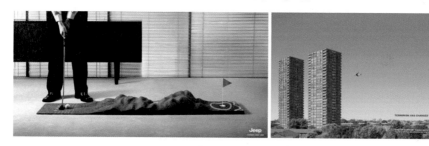

출처: Jeep, Discovery

왼쪽 Jeep 광고는 골프 퍼팅 연습기의 평평하다는 '상식'을 현실과 다르게 왜곡하여 오프로드에 강한 Jeep만의 브랜드 정체성을 결합했다. 오른쪽의 Discovery 광고는 우리 '기억' 속에 남아있는 911사태의 끔찍한 기억을 활용해서 '테러리즘은 우리가 세상을 보는 관점을 변화시킨다'는 메시지를 더 강하게 전달하고 있다.

반면에 코로나19로 인한 신체적 접촉 자제 메시지를 전하는 이 버스 광고는 바둑을 잘 모르는 일반인이 봤을 때 의미 해석이 어렵고 다소 억지스럽다. 일상에서 자주 활용하지 않는 용어를 사용해서 이해하기가 어렵고 개연성이 떨어진다.

디지털 서비스에서의 연결

어쨌든 사용자가 그 자연(혹은 부자연)스러움을 판단한다는 면에서 보면 디지털 서비스에서의 연결도 크게 다르지 않다. 다만 디지털 서비스는 그 특성상 특정한 서비스, 메뉴, 정보 범위 내에서 정보 간 연결을 다루기 때문에 오프라인에서보다 맥락의 힘이 더 강하게 작용한다. 또한 사용자의 동기가 어느 정도 이미 형성되어 있고 기기의 특성에 많이 영향을 받는다. 예를 들어 PC에서는 동일 화면 내, 또는 화면과 화면 간의 형태로 연결이 제한되는 반면, 모바일에서는 전화, 카메라, 메시지, 센서, 타 서비스 등과의 연결도 활발하게 이뤄진다.

모바일에 내재된 여러 장치는 오프라인에서라면 전혀 생각할 수 없었던 정보를 연결해 줄 수도 있다.

- **GPS**: 현재 위치, 그에 기반한 주변 장소 정보

- **카메라**: 본인 또는 다른 사람, 주변 사물, 공간에 대한 인식, AR을 통한 현실-가상 세계 융합

- **각종 센서**: 어떤 대상까지의 정확한 거리, 높이, 기울기, 위치 파악, 비접촉식 인증/결제/연결

- **통신 장치**: 직접 연결, 푸시 알림, 본인 인증, 연락처 전달/교환/관리, 주변 기기 연결

- **기타**: 클라우드에 저장된 정보 조회/등록/갱신, 다른 앱과의 연결, 인증 데이터 호환

NFC 기술을 통한 간편한 카드 등록 과정

출처: 토스

PC에서도 카메라와 GPS를 연결시킬 수 있지만, 그 활용 가능성은 제한적이다. PC와 모바일은 여러 면에서 다르다. 이러한 차이점을 모른 채 '운영비용의 효율화'라는 점만 부각시켜서 '반응형 웹'을 주장하는 것은 안타까운 일이다. 그들은 PC와 모바일이 화면 크기만 다를 뿐, 본질적으로 똑같다고 생각하는 것 같다. 그러나 위에서 거론한 바와 같이 모바일에는 PC에는 없는 다양한 장치가 존재한다. 이를 제대로 활용할 수 없다면 '반쪽짜리' 모바일 서비스가 되고 말 것이다.

글쓴이가 몸담고 있는 조직에서는 UX/UI뿐만 아니라, 기술적인 UX 컨설팅도 많이 진행하는데 그중에는 모바일 센서나 카메라도 포함된다. 모바일에는 의외로 많은 센서가 들어가 있다. 최근 자율주행차에도 쓰이는 라이더 센서나 근거리 통신 센서 등이 탑재되어 PC에서는 할 수 없는 다양한 기능을 수행할 수 있게 됐다. 모바일은 생체인증이나 전화번호를 통한 본인인증이 기본적으로 가능하기 때문에 PC에 비해서 보안 면에서도 유리한 점이 많다.

사람 간의 연결

모바일은 사용자가 원하는 경험을 중심으로 사실상 거의 모든 디지털 연결이 가능하다. 사람과의 연결은 디지털 서비스 사용자들이 원하는 가장 중요한 연결 가운데 하나일 것이다. 우리는 평소 알고 있는 사람을 디지털에서 다시 만날 수 있을 뿐만 아니라, 디지털에서만 가능한 인연을 만날 수도 있고, 심지어는 전혀 모르는 사람이더라도 어떤 형태로든 그들에 대해 알고 접촉할 수 있다.

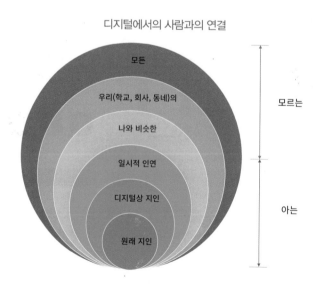

디지털에서의 사람과의 연결

모든
우리(학교, 회사, 동네)의
나와 비슷한
일시적 인연
디지털상 지인
원래 지인

모르는
아는

'디지털에서의 사람과의 연결'은 위 이미지에서 보는 바와 같이 여러 단계가 존재한다. 실제 세계에서는 아는 사람과 모르는 사람으로 구분되고, 얼마나 잘 아느냐를 기준으로 '사람 간의 연결'이 구분되겠지만, 디지털은 그 특성상 모르는 사람조차 연결의 범위에서 구분할 수 있다. 실제 세계에서든 디지털에서든 직접 누군가를 만나는 연결도 있고, 만날 일도 없고 모르는 사람이지만 그들의 존재가 현재 사용자 경험에 영향을 미치는 연결도 있다.

1. **원래 지인**: 연락처에 저장된 지인, 메일 주고받는 상대방을 '연락처, 메일함'에 기반해서 연결해준다.

2. **디지털상 지인**: 한 번도 만나보지 못 한 사람이더라도 디지털상에서 팔로우(follow)하거나 구독하면서 '디지털상 지인'으로 연결된다.

3. **일시적 인연**: 우연히 같은 게시판, 커뮤니티, 게임에서 만나 댓글이나 채팅을 나눈다.

4. **나와 비슷한**: 오프라인이든 디지털이든 전혀 모르는 사람이지만, 서비스가 자신과 비슷한 사람이라는 이유로 추천해줘서 알게 된다.

5. **우리(학교, 회사, 동네)의**: 만나보지는 않았지만, 같은 공동체에 소속됐다는 이유로 알게 된다. 우리 동네에서 지금 제일 많이 주문하는 맛집, 우리 학교에서 현재 가장 뜨는 아이템 등이 있다.

6. **모든**: 집단으로서 사람이 연결된다. '이 서비스 방문자들에게 가장 인기 있는 상품입니다.', 실시간 인기 검색어, 실시간 추천 동영상 등이 있다.

커뮤니티나 라이브 방송은 디지털상에서 일시적 인연을 만들 수 있는 대표적인 연결 창구다

출처: 토스증권, 퍼블릭닷컴

정보 간 연결 매개체

연결은 서로 다른 두 개체가 이어지는 것을 말한다. 연결이 이뤄지기 위해서는 두 개체가 이어질 수 있는 매개체가 필요하다. 결혼을 매개체로 부부가 되고, 같은 학교/같은 반이라는 매개체로 친구가 되고, 같은 아티스트를 매개체로 하나의 팬클럽이 된다.

성향, 연령대, 가입상품을 매개체로 개인화를 제공하는 예시

출처: 신한은행, 토스, 뱅크샐러드

예시로 든 신한은행은 분석된 사용자 성향에 기반하여 '맞춤 추천과 절세 예상 금액'을 추천하고, 동일 연령대의 부자들이 어떤 상품을 선택하는지 알려준다. 토스나 뱅크샐러드에서는 가입한 상품에 기반해서 다른 연관 상품을 추천해준다.

정보 간 연결은 사용자의 동기를 자극하는 데 효과적이다. 사용자 본인의 지난 과거, 이전 평균과의 비교도 좋지만, 심리적인 자극을 극대화하기 위해서는 비교 대상을 '다른 사람', 그중에서도 더 큰 자극을 받을 수 있는 사람과 비교하는 것이 좋다.

다른 사람과의 비교를 통해서 동기를 자극하고 있는 예시

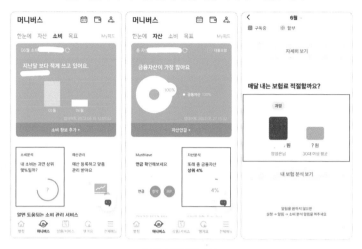

출처: 신한은행, 토스

앞에서 살펴본 '사람 간의 연결'을 대입해보면서 어떤 비교 대상이 사용자에게 '가장 큰 자극을 줄까?'를 고민해보자. 이런 고민이 UXer의 주된 업무다. 글쓴이는 '또래 부자들은 어떤 상품을 선택할까?'가 '30대 여성 평균/내 또래 사람들이 어떤 상품을 선택할까?'에 비해서 동기 자극 면에서 훨씬 더 효과적으로 보인다.

보상과 위협은 사람들의 동기를 자극하는 가장 효과적인 도구다

출처: stratleader.net

다음 예시를 보면 내 자산을 같은 연령대 다른 사용자들과 비교해서 보여주고 있다. 또한 백분위 정보('100명 중 몇 등')로도 소득(근로, 투자, 기타)과 부채를 제공하여 비교의 효과를 더 높이고 있다.

어떤 비교 대상이 사용자에게 가장 큰 자극을 줄까?

출처: 라이트브레인 UX 아카데미 19기 '뱅크샐러드'조

디지털에서는 정보와 정보를 연결해주는 역할로 '매개체'를 잘 활용할 필요가 있다. 메뉴를 매개체로 해서 정보와 정보가 연결되고, 정보 안에 들어간 메타데이터나 태그, 맥락, 흐름 등이 매개체가 되어 '더 자연스럽게' 현재 정보에서 다른 정보로의 이동이 가능하다.

이 매개체가 사용자의 기대에 부응하면 할수록 연결은 더 큰 힘을 얻는다. 반면에 매개체가 맥락에 맞지 않고 개연성이 떨어진다면 그것은 화면을 지저분하게 만든다.

매개체가 연결이라는 본연의 기능을 제대로 수행하기 위해서는 정보 간 '유사성'을 잘 반영해야 한다. 오른쪽의 Pandora 예시는 현재 보고 있는 정보(NBC News)와 관련성이 높은 다른 정보(ABC News, CBS News Radio) 등을 하단에 같이 보여줌으로써 다른 뉴스로 이동하고 싶어하는 사용자들의 기대에 부응하고 있다. 이렇게 정보 간 유사성에 기반하여 연결의 매개체(이 경우에는 유사한 팟캐스트(Similar Podcasts))가 제공되는 것은 기본이자, 놓칠 수 없는 것이다.

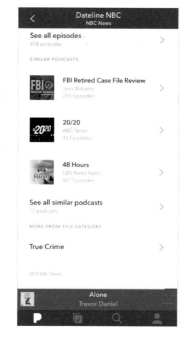

출처: Pandora

그렇다면 '유사성' 외에 어떤 매개체가 있을까? '책'이라는 정보를 예로 들어 보자. 책은 일단 어떤 메뉴에 속해 있을 것이다. '국내 단편 소설'과 같은 메뉴는 같이 속해 있는 다른 정보로의 매개체 역할을 할 수 있다. 누군가 책 제목이나 주제에 해당하는 키워드로 검색할 경우에는 이 키워드가 매개체 역할을 한다. 저자, 출판사, 출간 연도, 평점, 순위와 같은 메타데이터 또한 사용자의 선택에 따라 아주 효과적인 매개체 역할을 할 수 있다. 이 3가지 매개체는 각각 메뉴, 검색, 필터라는 IA 도구에 해당한다. 이는 디지털 서비스를 탐색하는 가장 기본적인 도구이며, 비교적 체계적인 형태로 제시된다.

체계적인 형태의 매개체는 정보 간 연결 외에 서비스 내 순차적인 이동이나 정보 범위를 좁히는 목적으로도 많이 사용된다. 우리는 정보를 탐색하는 과정에서 '체계(Hierarchy)'에 의존하는 경우가 많다. 주소, 상품 분류(Category), 회사 조직, 교과서 목차, 동식물 분류 등의 '체계'는 그 나름의 질서로 인해 탐색의 목적에도 적합하다.

다음 예시는 사용자가 원하는 정보를 찾을 수 있게 서비스의 특성을 '체계화해서' 필터로 만든 사례들이다. 필터는 메타데이터라고 하는 서비스 내 정보의 속성을 항목별로 분류해서 선택을 제시한다. 여러 항목에 걸쳐서 메타데이터를 선택하면 할수록 더 정교하게 정보를 찾을 수 있다.

필터 예시

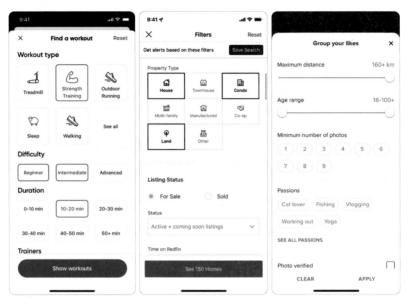

출처: Aaptiv, Redfin, Tinder, From mobbin

'체계'는 정보를 단계적으로 찾아가거나 필터링하는 용도로 주로 활용되지만, 간혹 '체계'
가 갖는 상징성을 이용하여 정보와 정보를 잇는 연결 매개체로 사용되는 경우도 있다.

체계적인 정보 연결 매개체

필터에 사용되는 메타데이터가 정보 연결의 매개체로 사용되는 경우도 있다. 메타데이
터는 정보의 속성을 나타내며, '데이터에 대한 데이터'라고도 부른다. 앞에서 살펴본 책
의 경우에는 저자, 출판사, 출간 연도, 평점, 순위 등이 메타데이터라고 할 수 있다. 이
러한 메타데이터를 잘 활용하면 다음과 같이 정보를 연결하는 데 효과적으로 활용될 수
있다.

메타데이터를 활용한 정보 연결

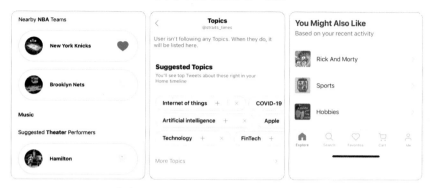

출처: Tickpick, Twitter, Redbubble, From mobbin

위 예시를 보면 주변의 다른 경기장이나 공연장을 연결해주거나(Tickpick), 현재 메시지와 관련된 주제(Topic)를 제시하여 사용자가 다음번에는 해당 주제와 관련된 메시지를 받을 수 있게 하거나(Twitter), 사용자들의 최근 서비스 활동으로부터 관심 있는 주제를 추출하여 이후 활동이 자연스럽게 이어지게 하고 있다(Redbubble).

'유사성' 외에 '연관성'과 관련된 매개체를 사용하는 경우도 많다. 비슷하다(유사성)가 아닌, 관련되었다(연관성)가 정보와 정보를 잇는 이유가 되는 것이다. 같은 소속사의 아티스트라서, 같은 출판사에서 나온 책이라서, 같은 지역에 있는 음식점이라서 '소속사, 출판사, 지역'을 매개체로 다양한 정보를 서로 연결한다.

연관성 있는 정보 연결 매개체의 사용 예시

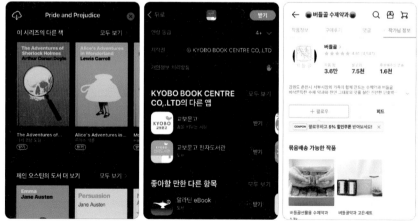

출처: 애플 도서, 앱스토어, 아이디어스

왼쪽 애플 도서는 정보의 유사성보다는 연관성을 이용한 예시다. 현재 정보(책, 오만과 편견)가 포함된 시리즈 및 저자(제인 오스틴)의 다른 책으로 연결할 수 있게 했다. 중앙의 애플 앱스토어에서는 현재 정보(교보문고 앱)와 연관된 교보북센터(교보문고 앱의 서비스 운영자임)의 다른 앱들을 소개하는 한편, 현재 정보와 유사한 정보(알라딘, 예스24 등의 도서 앱)도 연결하고 있다. 오른쪽의 아이디어스는 현재 정보(버들골 수제약과)와 연관된 판매자 정보, 연관 정보(묶음 배송 가능한 작품)를 연결하고 있다.

이처럼 해당 정보와 연관된 다른 정보로의 연결은 사용자의 경험이 툭툭 끊기거나 흐트러지지 않고 꾸준히 지속되면서 서비스에서의 경험이 유연하게 이어지게 할 수 있다. 그런데 체계적인 메타데이터만이 정보와 정보를 연결하는 매개체 역할을 할까? 정보를 연결하는 데 있어 우리에게는 또 다른 좋은 무기가 있다.

비체계적인 정보 연결 매개체

태그는 체계적이지는 않지만, 맥락에 부합하고 사용자의 의도를 반영할 수 있다는 면에서 훨씬 자연스럽게 정보와 정보를 잇는 매개체 역할을 수행할 수 있다.

1. 태그는 다른 세 가지 도구에 비해 유연성이 뛰어나다. 동일한 메뉴와 속성을 지닌 정보라고 하더라도 그 내용에 따라 다른 태그를 붙일 수 있다.

2. 태그는 여러 사람이 만들 수 있다. 운영자는 물론, 사용자도 정보에 태그를 달 수 있다.

3. 태그는 사용자들의 반응을 반영할 수 있다. 더 많이 선택된 태그가 더 비중 있게 보일 수 있다.

4. 태그는 서비스의 의도를 반영하고, 개인별로 제시될 수도 있다.

태그의 유연성, 트렌드, 서비스 의도 반영을 보여주는 사례

출처: 네이버

디지털 서비스가 발전될수록 태그의 이러한 장점을 살리려는 경향이 높아지고 있다. 정보 간 연결 매개체로서 태그의 비중이 갈수록 커지는 추세다. 태그는 심지어 메뉴, 검색, 필터에도 활용되어 좀 더 유연하게 사용자의 탐색 의도에 발맞추고 있다.

태그를 메뉴, 검색, 필터에 활용하는 사례

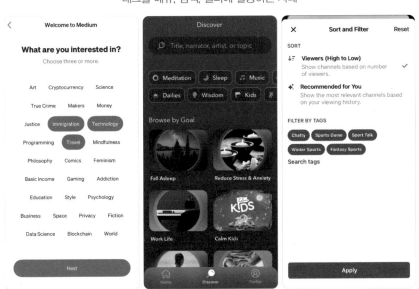

출처: Medium, Calm, Twitch, From mobbin

위 예시에 쓰인 태그는 '체계적인 정보 연결 매개체'인 메타데이터를 사용했을 때보다 더 자연스럽고 부담 없고 친근하게 다가온다. 세밀하게 들여다보면 뭔가 빠졌을 수도 있지만, 어차피 태그가 사용된 목적이 보조적인 성격을 띠는 데다가 화면에서 요구하는 경험상 맥락에 부합하기만 된다는 면이 더 앞서기 때문에 논리적이고 정확하게 따지는 사람은 거의 없을 것이다.

정보와 정보를 연결하는 역할을 할 때 태그는 화면 제일 하단에 보통 배치된다. 정보를 모두 살펴보고 난 뒤 마지막으로 이탈하기 전에 '혹시 다른 건 없을까?' 하고 확인하는 계기를 마련한다. 마치 매장 한쪽을 모두 둘러본 고객이 다시 출입문 앞에 서 있을 때 유능한 점원이 그러는 것처럼 태그는 현재 정보를 끝까지 본 사용자들에게 '혹시 이런 것은 어떠세요?'라고 제안하는 성격을 갖는다.

현재 정보 하단에 배치되어 다른 정보로의 연결을 유혹하는 태그 예시

출처: Tworld, 네이버쇼핑, 무신사

5

탐색 시 서비스주도권
발휘

"좋은 사용자 경험을 위해서는 사용자에게 무한한 자유를 부여하고
'당신 마음대로 하세요'라고 하기보다는 그들의 탐색 과정을
어느 정도 제한하고 가이드할 필요가 있다.
(중략)
서비스주도권은 자칫 부정적으로 들릴 수 있지만,
어느 서비스든지 꼭 필요하다.
산을 잘 아는 관리자가 등산로를 정비해주듯이
서비스를 더 잘 아는 우리가 그 역할을 해야 한다."

서비스 주도 vs. 사용자 주도

서비스가 적극적으로 고객의 경험에 개입하는 것을 '서비스주도권'이라고 한다. 서비스는 기본적으로 그 안에 담긴 콘텐츠와 그것을 만든 사람들의 의도에 따라 정해진 규칙과 구조, 흐름, 상호작용 방식이 존재한다. 사용자가 서비스를 이용하기 위해서는 그 안에 담긴 내용과 형식을 따라 할 수밖에 없다. 그러나 디지털 서비스는 스스로 이용해야 한다('아무도 도와주지 않는다')는 면에서 사용자 주도적인 경험도 존재한다. 서비스의 정해진 틀을 따를 때도 있지만, 그것을 벗어나서 자신만의 설정, 즐겨찾기, 취향 반영을 할 때도 존재한다는 것이다. 물론 한번 쓰고 말 서비스라면 사용자는 군이 그런 행위를 하지 않는다. 그러나 지속해서 이용해야 하는 경우라면 서비스가 제공하는 규칙을 가급적 본인에게 맞게 바꾸고 싶어 한다.

출처: 제주도 올레길 가이드

우리나라 대부분 산은 등산객을 위해 등산로와 이정표, 군데군데 쉴 수 있는 휴게공간을 잘 갖춰놨다. 산에서는 어디로든 갈 수 있을 것 같지만, 막상 갈 수 있는 길은 한정적이다. 가끔 길을 잘못 들어설 수 있는 구간도 있는데, 대부분의 경우에는 돌아 나갈 수 있는 길 안내나 아예 못 들어가게 팻말이 설치되어 있다. 깊은 산속 곳곳까지 이렇게 길 안내를 해주는 분들의 세심함에 감동할 때가 한두 번이 아니다. 우리도 이 분들과 같은 역할을 해야 한다.

- 전체 경로를 살펴볼 수 있는 지도를 제공해야 한다(메뉴).

- 올바르게 탐색할 수 있게 가이드해야 한다(내비게이션).

- 현재 위치와 이전/이후 이정표까지의 거리, 시간을 알려줘야 한다(경로, Breadcrumb).

- (디지털 서비스에서만 가능한) 탐색 도구를 활용하여 정보를 더 잘 찾을 수 있고, 정보 간 연결이 더 매끄럽게 이뤄질 수 있게 해야 한다.

좋은 사용자 경험을 위해서는 사용자에게 무한한 자유를 부여하고 '당신 마음대로 하세요.'라고 하기보다는 그들의 탐색 과정을 어느 정도 제한하고 가이드할 필요가 있다. 서비스가 적극적으로 고객의 경험에 개입하는 것을 '서비스주도권'이라고 한다. 서비스주도권은 자칫 부정적으로 들릴 수 있지만, 어느 서비스든지 꼭 필요하다. 산을 잘 아는 관리자가 등산로를 정비해주듯이 서비스를 더 잘 아는 우리가 그 역할을 해야 한다.

서비스주도권에 충실한 서비스 예시

출처: 식후경 (Sisik)

그림에서 예시로 든 '식후경(Sisik)'이라는 서비스는 온라인으로 시식해 보고, 시식한 식품이 마음에 들 경우 저렴한 가격에 식품을 구매할 수 있는 푸드 플랫폼이다. 국내 최초로 온라인 시식 서비스를 시작하고, 사용자가 배송비만 지불하면 자유롭게 시식해보고 일정 기간 내에 구매할 수 있게 한 점이 이채롭다.

서비스주도권이 발휘되기 위한 필수 조건

서비스주도권이 제대로 발휘되기 위해서는 다음과 같은 조건이 먼저 선행돼야 한다

- 양질의 콘텐츠
- 경쟁사에서는 찾아보기 힘든 차별화된 서비스
- 독특한 사용자 커뮤니티
- 흥미로운 방식의 UX/UI
- 더 빠르거나 간편한 이용절차

접근 시점에서의 서비스주도권

사용자가 서비스에 처음 진입했을 때 주요 메뉴로 쉽게 접근할 수 있게 돕는 경우다. 주로 홈 화면에 자주 사용하는 메뉴나 기능에 대한 바로가기를 배치하거나 이전에 조회한 상품, 거래 내역, 입력했던 검색 조건을 다음에도 다시 접근할 수 있게 배치하는 것이 이에 해당한다.

오른쪽의 예시는 쿠팡 홈 화면이다. 상단 프로모션 배너 밑으로 주요 메뉴로의 바로가기가 배치되어 있고, 그 아래 사용자가 최근 조회한 상품, 자주 구매한 재구매 상품, 오늘의 할인 등이 나열되어 있다. 사용자는 이 가운데 하나를 선택하거나 '더보기 >'를 눌러서 해당 연결 매개체 전체 목록으로 이동할 수 있다.

출처: 쿠팡

이처럼 홈 화면에서의 서비스주도권은 사용자를 특정 정보나 지점까지 순간적으로 이동시킴으로써 서비스에 좀 더 몰입시키기 위해 필요하다.

내비게이션을 통한 서비스주도권

상시로 접근 가능한 내비게이션을 이용해서 주요 메뉴와 기능에 대한 접근성을 높이는 경우다. 모바일 내비게이션은 전체 메뉴 중 사용자가 자주 이용하는 것 위주로 배치하기 때문에 서비스주도권이 무척 중요하다. 공급자 관점에서의 메뉴 배치보다는 사용자의 관심사를 고려해서 쉽게 주요 메뉴를 오갈 수 있는 메뉴 위주로 내비게이션을 구성하는 것이 바람직하다.

서비스주도권이 많이 고려되는 것은 주로 상단 카테고리 내비게이션인데, 그 위의 톱 내비게이션이나 제일 하단의 탭 내비게이션은 쓰임새가 정형화되어 있어서 주도권을 발휘할 여지가 줄어든다.

상단 카테고리 내비게이션에는 메뉴 구조 체계와 상관있는 경우도 있지만, 메뉴 체계와는 상관없이 사용자가 자주 찾는 인기 메뉴를 많이 배치하기도 한다.

출처: Olio

다음은 SSG닷컴에 입점한 각 몰의 상단 카테고리 내비게이션을 비교한 것이다. 전체적인 일관성은 유지하되, 각 입점 몰의 특성에 따라 구성을 다소 다르게 취하고 있다.

출처: SSG

간혹 색다른 방식의 내비게이션을 통해 해당 서비스만의 독특한 UX를 강조하는 경우도 있다.

별도의 내비게이션 화면이 존재하는 마켓포 예시

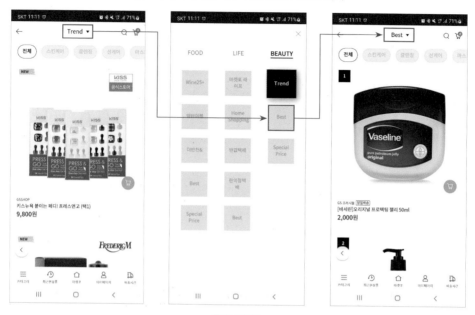

출처: 마켓포

예시로 든 마켓포를 보면 별도의 내비게이션 화면을 둬서 반드시 이 화면을 거쳐야 다른 정보로 이동할 수 있게 하고 있다. 이와 같은 독특한 내비게이션 방식은 서비스의 특성, 정보의 폭과 깊이, 사용자의 기대 등을 종합적으로 감안해서 신중하게 도입돼야 하며, 단순히 '차별화'에만 의미를 부여할 경우에는 실패할 확률이 높다.

전체 메뉴 화면에서의 서비스주도권

전체 메뉴는 사이드바(Sidebar) 혹은 내비게이션 서랍(Navigation drawer)이라고도 부른다. 햄버거 아이콘을 눌렀을 때 옆으로 펼쳐지는 화면으로 서비스에 담긴 메뉴 전체와 사용자 정보가 주로 배치되지만, 간혹 그 외 추천 정보나 태그를 배치하는 경우도 있다. 메뉴를 선택하려고 들어온 사용자들에게 다른 선택지도 함께 제공한다는 취지인데, 전체 메뉴 화면의 유용성을 높인다는 장점도 있으나, 메뉴를 찾는 경험으로만 봤을 때는 메뉴 탐색(browsing) 과정에서 주의가 산만해지는 부작용도 있다.

다음은 주요 쇼핑몰의 전체 메뉴를 비교한 예시다. 서비스주도권이 낮은 GS Shop부터 비교적 높은 11번가에 이르기까지 각 쇼핑몰의 차이를 비교해 볼 수 있다. 전체 메뉴 화면에서 서비스주도권을 발휘하는 것을 굳이 말릴 이유는 없지만, 가급적 메뉴 탐색에 집중하는 것이 바람직하다. 기본 메뉴 체계 외에 그것을 보조할 수 있는 다른 형식의 메뉴 체계를 배치하는 것은 좋지만, 메뉴와 상관없는 정보성 콘텐츠를 제공하는 것은 복잡성을 지나치게 높일 우려가 있다.

주요 쇼핑몰의 전체 메뉴 서비스주도권 비교

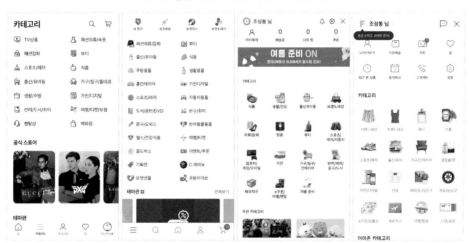

출처: (왼쪽부터) GS Shop, 쿠팡, 롯데온, 11번가

검색 화면에서의 서비스주도권

일반적인 검색 기능 외에 검색과 더불어 탐색 시 활용할 수 있는 추천 정보나 카테고리, 큐레이션 태그 등을 배치하는 경우다. '검색'이라는 본연의 기능에서는 다소 밀도가 떨어질 수 있으나, 검색 대신 제시된 방식 중 하나를 선택하거나 동시에 여러 가지를 선택해서 곧바로 깊은 탐색을 시도할 수 있다는 장점이 있다.

다음은 기본적인 검색 기능만 제공하는 다나와부터 오른쪽으로 갈수록 점차 서비스주도권이 넓어지는 무신사, 오늘의집, Tidal의 검색화면 예시다. 최근 검색 화면에서의 서비스주도권이 높아지는 추세다. 단순 검색 기능만 제공했던 이전 방식들은 점차 사라지고 있다.

검색 화면에서의 서비스주도권 비교

출처: (왼쪽부터) 다나와, 무신사, 오늘의집, Tidal

한편 장소나 시간이 중요한 작용을 하는 서비스라면 검색 시점에서 현재 위치나 배송 가능 시간 등을 제공하여 검색의 유용성을 높일 수도 있다. 일단 검색을 끝내고 가능한 장소와 시간을 찾게 되면 이용흐름이 번거로워질 수 있는데, 검색 시점에서 미리 해당 장소/시간에 가능한 정보만 검색할 수 있게 하는 것이다.

검색 시 장소와 시간을 결합한 서비스주도권 예시

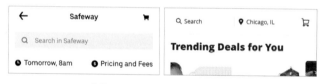

출처: Uber, Groupon, From mobbin

목록(List) 화면에서의 서비스주도권

목록 화면은 최종 정보로까지 가는 여정에 속하면서 그 자체가 하나의 정보 역할을 하기도 한다. 목록 화면은 하나인 경우도 있으나 위계에 따라 여러 화면(대/중/소)으로 분리되기도 한다. 사용자는 목록에서 각 정보의 특징을 파악하고, 여러 정보를 비교하고, 본인이 원하는 정보를 골라낸다. 따라서 목록 화면은 그 역할에 맞는 서비스주도권이 필요하다. 일반적으로는 상세 메뉴, 필터, 정렬 기능이 흔히 사용되지만, 그 외에도 서비스의 특징을 살린 기능 배치가 UX에 큰 도움이 될 때가 많다.

최근에는 해당 목록을 제어할 수 있는 필터나 정렬 기능 외에 큐레이션 태그나 AI가 제시하는 연관 키워드(일종의 연결 매개체로 역할)를 배치하는 경우도 많이 있다.

오른쪽의 Deliveroo라는 배달 서비스에서는 목록 화면 상단에 필터나 정렬 대신 큐레이션 태그인 한정 특가(Limited Time Special), 홀리데이 케이크, 아침식사 세트(All Day Breakfast Set) 등을 배치했다. 이러한 큐레이션 태그는 목록 내 정보를 정교하게 탐색하는 데는 부족하지만, 쉽고 빠르게 원하는 정보만 찾아가는 데는 유리하다. 해당 목록에서의 사용자 경험이 정교함을 요구하지 않는 경우에는 큐레이션 태그가 훨씬 더 좋은 경험을 이끌어낼 수 있다.

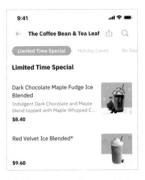

출처: Deliveroo, From mobbin

오른쪽의 Shift라는 서비스 예시는 목록 상단에 'Free Test Drive'라는 기능을 배치해서 시운전이 가능한 차량만 보고 싶은 사용자의 니즈를 반영하고 있다. 유독 눈에 띄는 이 기능이 해당 서비스에서 그렇게 큰 비중을 차지하는지는 조사가 필요하겠지만, Shift가 이렇게 서비스주도권을 발휘한 데는 나름의 이유가 있을 것이다.

출처: Shift, From mobbin

다음은 기본적인 필터/정렬 이외에 각 서비스 특성을 반영한 도구를 배치한 예시다. 왼쪽의 Airtable은 보기 방식, 숨기기, 그룹 등의 옵션이 있다. 중앙의 아디다스에는 현재 카테고리(여성, 신발)와 관련된 하위 키워드(스니커즈, 축구화, 슬리퍼)가 있고, 오른쪽의 Github에는 필터링 외에 저자, 모바일 피드백 여부, 미응답 게시글 등의 목록 컨트롤 기능이 있다.

목록 화면에서 서비스주도권이 강조된 예시들

출처: Airtable, 아디다스, Github, From mobbin

최근에는 AI가 주는 유용성, 편의성의 가치가 중요해지고 있다

AI가 숨겨져 있던 유용한 정보를 찾아주고, 번거로운 행위를 가볍게 단축해주는 가치가 최근 들어 중요해지고 있다. 사용자들이 점점 더 이러한 가치에 익숙해지고 나면 아마도 급격한 판도 변화가 서비스 분야별로 나타날 것이다.

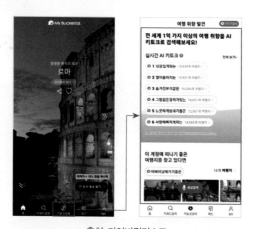

출처: 마이버킷리스트

서비스주도권의 올바른 사용

서비스주도권이 잘못 사용됐을 경우에는 오히려 사용자의 혼란이 가중되고, 불필요한 실수가 누적되며, 없는 게 차라리 낫다는 소리를 듣기 십상이다. 따라서 서비스주도권을 효과적으로 발현하기 위해서는 서비스의 특성, 사용자의 기대, 해당 시점에서의 맥락 등을 종합적으로 감안해야 한다. 무조건 다른 서비스의 좋아 보이는 기능을 적용하기 전에 해당 기능이 과연 우리 서비스의 특성과 사용자 기대에 부합하는지를 판단해야 할 것이다.

그렇다면 서비스주도권을 잘 살린 서비스들은 어떤 것들이 있는지 예시를 보자. 서비스
주도권을 잘 살린 서비스들은 저마다의 명확한 콘셉트와 차별점이 있다.

AI 가상 캐릭터를 활용한 서비스주도권 예시

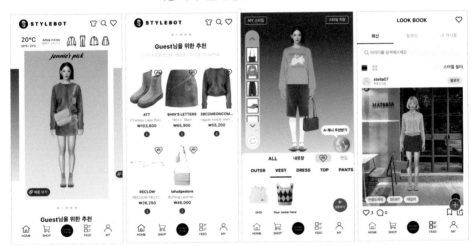

출처: 스타일봇 (Style Bot)

스타일봇은 AI 아바타를 통해 사용자의 신체 사이즈를 디지털상에 반영한다. 키, 체형과
같은 기본적인 데이터 외에 피부색이나 신체적인 특징도 적용할 수 있다. 스타일봇은 사
용자들이 더 정확한 본인 신체정보를 입력하면 할수록 더 나은 가상 패션 스타일링을 결
과로 돌려준다. 이렇게 사용자로부터 정보를 입력받고, 패션 아이템을 선택한 다음 본인
아바타에 적용해보는 과정을 서비스 전체에 걸쳐 제공한다.

또 다른 서비스주도권 예시는 육아 관련 소비 정보 제공 서비스인 맘맘(Mommom)이
다. 이 서비스는 '대형 포털사의 검색량, 상품 수, 리뷰 평점 등을 종합적으로 평가하여
육아용 아이템별로 국민템 랭킹을 제시하고, 각종 육아 상황별 큐레이션 태그(예: 깨끗
하게 목욕시킬 때)별로 육아용 아이템을 추천해준다. 또한 아이와 함께 가볼 만한 키즈

핫플을 지도 서비스로 제공하고 해당 장소에 대해 이용 후기와 블로그 리뷰도 함께 볼 수 있다.

통계정보와 큐레이션 태그를 활용한 서비스주도권 예시

출처: 맘맘(Mommom)

다음 예시는 지마켓 탐색 중에 원하는 상품을 못 찾았을 경우 빠르게 상품을 찾을 수 있게 도와주는 'G봇 서비스'다. 여기에서 서비스주도권은 'G봇'이라는 기능 자체이며, 사용자는 'G봇'에 의존하여 '본인과 비슷한 유저(페르소나 쇼핑)', 또는 테마 쇼핑, 랭킹 쇼핑을 이용한다.

커스텀 기능을 통한 서비스주도권 예시

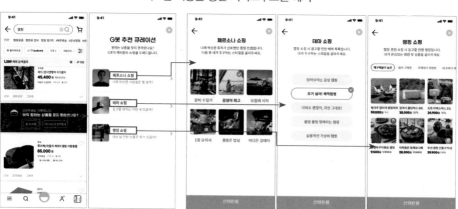

출처: 라이트브레인 UX아카데미 19기 '지마켓'조

6

—

사용자주도권
허용

"맞춤화는 허용된 권한 내에서
서비스의 여러 항목을 사용자가 설정하는 것(Customization)을 말한다.
설정을 통해 본인의 입맛에 맞게 서비스 이용환경을 변경할 수 있다.
이와 반대로 개인화는 서비스가 개별 사용자의 데이터에 기반하여
그들을 위한 이용환경과 정보를 제시하는 것(Personalization)을 말한다.
추천(Recommendation)이 개인화의 대표적인 방법에 속한다."

자율성
맞춤화 vs. 개인화
사용자주도권의 정도
사용자주도권 시점
설정의 배치

자율성

사람들은 누구나 자율성(Autonomy)을 원한다. 자율성이란 본인이 직접 환경을 통제하고 적극적으로 개입하고 싶어 하는 성향을 말한다. 어떤 서비스를 방문했을 때 서비스가 제공하는 기본 규칙과 흐름을 따르면서도 그 가운데 본인의 기호와 취향을 반영하고 싶어 한다. 홈 화면에서 바로가기를 수정하고, 본인이 원하는 대로 내비게이션 순서를 바꾸고, 검색이나 필터에서 자신이 자주 사용하는 옵션을 기본으로 저장하고 싶어 한다.

지도 서비스에서의 내 장소 알람 설정 과정

출처: 라이트브레인 UX 아카데미 20기 '네이버지도'조

'나만의 제품, 나만의 서비스'를 원하는 것은 사람들 누구나가 가지고 있는 보편적인 심리다. 특히 디지털 서비스는 스스로 찾고 경험해야 한다는 면에서 자기 주도적인 경험의 특성이 더 강하다. 지속적으로 이용하는 서비스에서는 제공되는 규칙과 패턴을 가급적 나에게 맞게 바꾸고 싶어 한다.

이러한 경향은 특히 Z세대에 두드러지게 나타난다. Z세대는 본인이 직접 서비스의 환경을 자유롭게 설정하고, 자신만의 아이덴티티를 반영할 수 있는 앱을 선호한다. 무조건 따라야만 하는 서비스는 그들의 관심 대상에서 멀어진다.

활동에 따라 본인만의 아이덴티티를 정립해 나갈 수 있는 토스증권

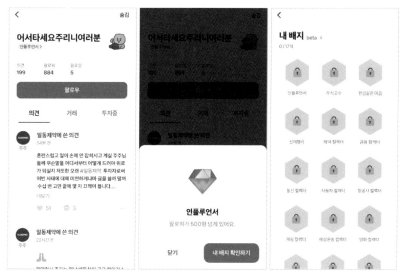

출처: 토스증권

자율성(사용자주도권)이 주는 가치는 다음과 같다

3. 서비스는 점점 더 사용자의 취향/관심사에 맞게 맞춤화된다.

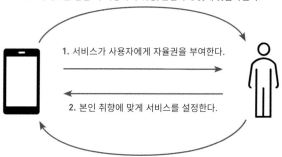

1. 서비스가 사용자에게 자율권을 부여한다.

2. 본인 취향에 맞게 서비스를 설정한다.

4. 사용자는 서비스에 좀 더 몰입하고 참여한다.

서비스가 사용자에게 자율성을 부여하면 사용자주도권이 높아지면서 둘 간의 상호작용이 긍정적인 방향으로 전개된다. 물론 항상 그런 것은 아니다. 어떤 사용주도권은 사용자들에게서 외면 받고, 없는 것만 못한 군더더기가 되기도 한다. 우리가 해결해야 할 숙제는 적절한 사용자주도권의 내용과 범위다.

맞춤화 vs. 개인화

생각보다 많은 UXer가 맞춤화와 개인화를 혼동하고 있다. 둘의 의미가 정반대인데 말이다. 맞춤화는 허용된 권한 내에서 서비스의 여러 항목을 사용자가 설정하는 것 (Customization)을 말한다. 설정을 통해 본인의 입맛에 맞게 서비스 이용환경을 변경할 수 있다. 이와 반대로 개인화는 서비스가 개별 사용자의 데이터에 기반하여 그들을 위한 이용환경과 정보를 제시하는 것(Personalization)을 말한다. 추천(Recommendation)이 개인화의 대표적인 방법에 속한다.

본인이 세운 계획에 기반한 생산성 앱은 대부분 맞춤화 기반의 서비스다

출처: 마이루틴

맞춤화는 사용자의 자율성을 존중하여 그들에게 제한적이나마 주도권을 부여하는 것이다. 사용자가 직접 서비스 범위, 탐색 도구, UI, 알림 등을 본인의 입맛에 맞게 설정하여 추후 재방문 시 그 가치를 누리게 되는 것이다.

스타벅스 앱에서 나와 맞는 메뉴 찾기(맞춤화) 과정

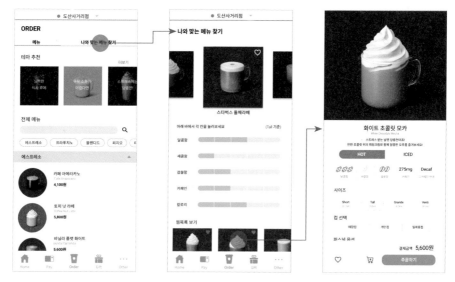

출처: 라이트브레인

위 스타벅스 앱에서의 '나와 맞는 메뉴 찾기' 맞춤화를 보면 메뉴 주문 시점에서 위와 같이 맞춤화 과정을 진행함으로써 본인 입맛에 맞는 음료를 찾는 과정을 보여준다.

맞춤화에는 다음과 같은 규칙이 고려돼야 한다. 물론 이러한 규칙은 서비스에 따라 약간씩 차이가 날 수도 있다.

- 서비스 범위를 사용자가 직접 맞춤화하는 경우, 이용 시작 시점부터 맞춤화가 가능하게 한다. 그렇지 않고 일단 서비스를 이용하기 시작했다면 맞춤화에 대한 의지는 줄어들 것이다.

- 테마나 스킨, 이모지 등을 꾸미는 경우, 사용자가 직접 조합하거나 꾸밀 수 있게도 하지만, 그와 동시에 쉽게 선택할 수 있는 몇 가지 정해진 표준을 제시한다.

- 필터나 보기 방식과 같이 이용 규칙을 정하는 경우, 기본 설정과 상세 설정을 분리한다. 아직 서비스에 애착심이 형성되지 않은 사용자에게 처음부터 과도한 행동을 요청하는 것은 바람직하지 않다.

- 단축성 때문에 내비게이션이나 바로가기를 맞춤화하는 경우, 요소 선택과 순서 배치가 같이 고려돼야 하며 추후 언제든지 재설정이 가능해야 한다.

사용자주도권의 정도

사용자주도권을 제공하려는 대상과 목적에 따라서 사용자주도권의 정도는 다음과 같이 2가지 축(쉽다~어렵다, 정서적~기능적)으로 구분된다.

어떤 사용자주도권은 기능적 목적에 충실한 반면, 어떤 것은 정서적 목적이 대부분이거나 둘 간에 걸쳐 있는 경우도 있다. 사용자가 일단 설정 작업을 해야 한다는 점은 동일하지만, 비교적 간단하게 수행 가능한 작업이 있는 반면, 꽤 많은 노력을 요구하는 작업도 있다.

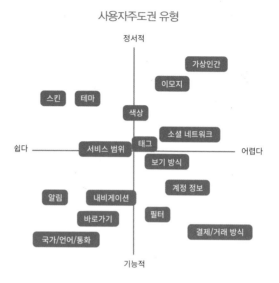

사용자주도권 유형

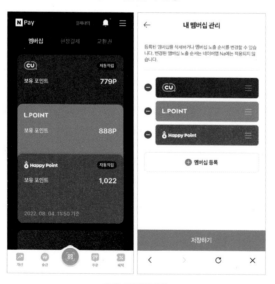

카드 노출 순서 변경

출처: 네이버페이

사용자주도권은 국가/언어/통화 설정과 같이 비교적 쉽고 기능적인 것도 있지만, 자신만의 이모지나 가상 인간을 만드는 것처럼 시간이나 노력이 많이 요구되고 기능적인 측면보다는 정서적인 효용성 때문에 하는 것도 있다.

디지털 서비스에서는 의외로 사용자주도권이 많이 제공된다. 알림만 하더라도 알림 자체를 켜고 끄는 것은 물론, 알림의 유형에 따라 하나씩 세부적으로 설정하기도 한다. 그러나 사용자주도권을 무한정 제공하는 것이 좋은 UX로 이어지지는 않는다. 지나치게 사용자주도권에 의존하는 것이 때로는 사용자를 귀찮게 만들기도 하기 때문이다. 서비스주도권과 사용자주도권 사이의 줄타기, 적절한 균형을 유지하는 것이 중요하다.

카카오페이 홈 화면 위젯 편집하기

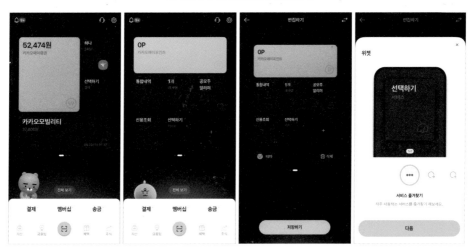

출처: 카카오페이

사용자주도권 시점

대부분의 맞춤화와 설정은 이용 시점과 크게 관계가 없다. 언제든지 사용자가 원하는 시점에 할 수 있다. 그러나 서비스 범위 설정을 해야만 서비스가 시작되는 경우에는 초기 접근 시점(On Boarding)부터 사용자에게 설정을 요구하기도 한다. 다음의 듀오링고는 온보딩 시점부터 학습과목, 목표, 현재 수준 등을 설정하여 사용자가 본인에 맞는 공부를 시작할 수 있게 했다.

온보딩 시점부터 서비스 설정을 요청하는 듀오링고

출처: 듀오링고

서비스를 시작시키기 위해 설정이 필요한 다른 서비스, 예를 들어 다른 사용자(소셜 네트워크)를 연결해야 서비스가 시작하는 SNS, 본인 계정 정보에 취향 분석을 더해야 서비스가 시작하는 OTT, 결제/거래 방식을 지정해야만 서비스가 시작하는 금융 등도 이와 마찬가지다. 처음부터 사용자에게 자율성을 부여하여 사용자가 스스로 자신의 관심사와 취향을 밝히게 하는 것이 바람직하다. 이러한 정보는 서비스가 더 좋은 품질의 UX를 제공하는 데 화수분이 될 것이다. 일단 서비스에 진입한 다음에 사용자의 참여를 유도하는 것은 훨씬 더 어려운 일이다. 따라서 서비스에 대한 동기가 강한 시점인 온보딩 시점을 잘 이용해야 한다는 것을 잊지 말아야 한다.

온보딩은 아니지만, 서비스 시작 시 사용자가 본인의 정보를 등록해야지만 이용이 가능한 경우도 있다. 어떻게 보면 이런 방식이야말로 '강력한 서비스주도권'이라고 볼 수도 있는데, 사용자가 본인의 정보를 서비스에 등록하거나 서비스가 요청하는 양식을 완성하기 전까지는 아무것도 일어나지 않는다. 다음 예시는 '본인 소유의 가전제품을 등록해야지만 서비스가 시작하는 '에그'라는 서비스다. '에그'의 콘셉트 자체가 기 보유 중인 가전제품을 손쉽게 관리할 수 있는 서비스이기 때문에 사용자가 가전제품을 등록하기 전까지는 서비스를 이용하는 의미가 없다.

서비스 이용 초기에 사용자 등록 과정이 필요한 에그

출처: 에그

대부분 금융 서비스도 이와 마찬가지다. 보유한 계좌, 카드, 보험 상품 등을 등록해야지 만 서비스가 시작된다. 따라서 서비스 설치 후 온보딩 단계에서 계좌 등록/연결 과정과 같이 사용자 정보 등록이 먼저 진행되는 경우가 많다.

사용자가 겪는 문제를 서비스만으로 풀 수 없을 때는 사용자주도권을 떠올려라

물론 모든 문제에 '전가의 보도'처럼 해결책이 되지는 않지만, 간혹 서비스 자체만으로는 풀리지 않는 문제에 대해서 '사용자주도권'이 해결사 역할을 할 때가 있다. 특히 특정 경험 요소에 대해 사용자의 이용행태가 다양할 경우, 이를 획일적으로 풀 수 있는 '하나의 솔루션'을 고민하는 것 대신에 사용자 데이터에 기반한 개인화나 설정을 제시하면 쉽게 문제를 풀 수 있다.

사용자주도권에 대한 설계 예시

다음 예시는 어느 지도 서비스에서의 사용자주도권(내 장소 설정) 설계에 대한 예시다.

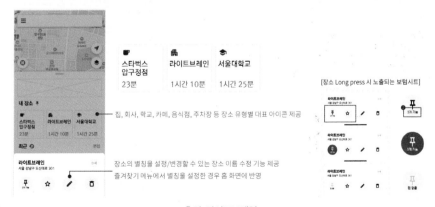

출처: 라이트브레인

설정의 배치

사용자가 본인의 주도권을 행사하기 위해 설정에 접근할 경우, 탐색 도구(필터, 내비게이션, 바로가기)나 UI와 관련된 기능(보기 방식, 스킨, 테마, 색상) 등은 설정 즉시 결과를 확인할 수 있게 가까운 위치에 접근 가능하게 배치하는 것이 좋다.

이와 같은 일시적 기능은 설정하기 위해 다른 곳으로 이동하기가 애매하다. 그냥 그 자리에서 설정과 그 결과가 눈에 들어오는 것이 직관적이기도 하고, 추후 기억에 떠올리기도 쉽다. 이렇게 가벼운 형태의 설정들은 지시(Affordance), 조작(Trigger), 결과(설정을 통한 맞춤화)가 한눈에 파악될 수 있어야 한다.

가벼운 형태의 설정은 지시, 조작, 결과가 동시에 일어나야 한다

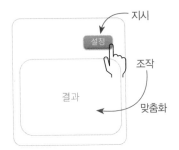

다음 예시는 홈 화면 테마를 설정하거나(왼쪽), 본문 텍스트 보기 방식을 변경하거나(중앙), 바탕화면의 배경을 변경하는(오른쪽) 경우에 그 자리에서 바로 설정하는 것을 보여준다. 보통 이러한 설정은 UI 레이어가 하단 영역에서 뜨는 보텀시트(Bottom sheet) 방식을 많이 채택한다.

바로 접근할 수 있는 설정: 테마, 보기 방식, 스킨

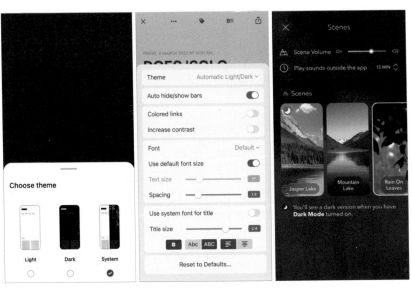

출처: Revolut, Reeder 5, Calm, From mobbin

반면에 보다 항구적으로 서비스 경험에 영향을 미치는 다른 사용자 연결, 취향 분석, 결제/거래 방식 지정, 알림 설정 등은 별도의 개인화 공간을 통해서 설정하는 것이 더 바람직하다. 이들은 결과가 그 자리에서 바로 드러나지 않는 성격이기 때문에 지시-조작-결과의 연속성을 굳이 고려할 이유도 없고, 별도로 독립된 개인화 공간에 모아 놓는 것이 한 번에 여러 가지 설정을 동시에 처리하기에 좋은 점이 있다. 경우에 따라서는 일시적인 기능에 해당하는 설정이라고 할지라도 개인화 공간에서 중복해서 제공하는 경우도 있다.

서비스 시작 시점 또는 별도의 개인화 공간에서 하는 설정

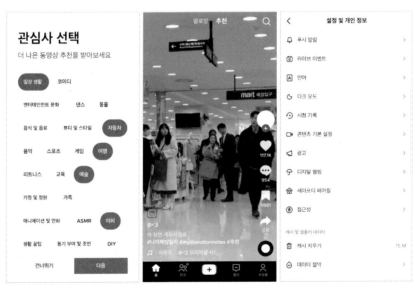

출처: 틱톡

다음 예시는 네이버지도 서비스에서 주변탐색 필터를 사용자 개인 취향에 맞게 변경하는 것을 보여준다. 기존에는 주변탐색 필터를 변경할 수 없었기 때문에 본인 취향에 상관없이 모두가 동일한 필터를 쓸 수밖에 없었다. 지도에서 장소를 찾는 것만큼 사적인 경험 영역도 없을 것이다. 그래서 주변탐색 필터에 사용자주도권을 부여하여 맞춤 필터를 쓸 수 있게 했다.

네이버지도 주변탐색 필터 설정

출처: 라이트브레인 UX 아카데미 20기 '네이버지도'조

7

—

개인화

"최근 이력, 빈도, 순서와 같은 기본적인 데이터를 벗어나서
누군가의 성향과 관심사에 기반하여 개인화된 서비스를 제공할 경우,
사용자를 서비스에 더 밀착시킬 수 있다. 기본적인 개인화도 분명 가치가 있지만,
'고도화된 개인화'는 더 세심하고 사용자를 기쁘게 만든다."

새로운 UX 품질의 척도

앞에서 맞춤화와 개인화가 어떻게 다른지 이미 언급했다. 개인화는 서비스 주도와 사용자 주도 사이에 존재한다. 서비스가 주도하여 사용자 개인에 맞는 무언가를 제시한다는 면과 사용자가 제공/동의/선택한 정보에 기반하여 서비스가 이뤄진다는 면을 동시에 갖고 있다.

개인화는 서비스와 사용자 주도 사이에 존재한다

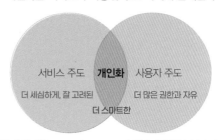

서비스 주도 **개인화** 사용자 주도

더 세심하게, 잘 고려된 · · · · · · · · · · 더 많은 권한과 자유
더 스마트한

- 서비스에서 개인화를 통해 제공할 가치는?
- 사용자에게 어떤 형태의 개인화를 어디에서 제공할 것인가?
- 개인화를 제공하기 위해서는 어떤 데이터가 필요하고, 그것을 어떻게 마련할 수 있는가?

- 개인화 동의를 통해서 얻을 수 있는 가치는?
- 어느 시점, 정보에서 개인화가 필요한가?
- 개인화가 주는 가치를 위해서 나는 어떤 데이터까지 제공하는 데 동의할 것인가?

세일즈포스(SalesForce)의 개인화된 정보 제공(Personalized Design)

세일즈포스는 사용자의 성향에 따라서 다르게 정보를 보여주는 개인화된 정보 제공을 제시했다. 사용자별 관심사나 성향에 따라 어떤 사용자에게는 가격 중심 정보를, 어떤 사용자에게는 특징 중심, 스타일 중심, 평점 중심의 정보를 보여주는 것이다. AI를 활용하면 이렇게 사용자 성향에 맞는 정보 제공이 가능해진다.

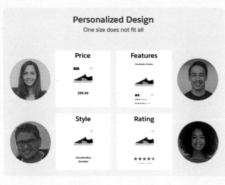

출처: Owen Schoppe

서비스가 사용자에 맞춰 개인화된 경험을 제공하는 '추천(Recommendation)'은 AI 기술의 급속한 발전과 더불어 갈수록 보편화되고 있다. 여러분의 디지털 경험도 마찬가지일 것이다. 유튜브, 인스타그램, 틱톡, 넷플릭스에서 메뉴나 검색 대신 추천에 반응하고, 카카오나 네이버와 같은 서비스에서도 구독이나 추천 같은 개인화된 경험이 이전보다 늘어났을 것이다. 개인화가 잘 이뤄지면 좋은 UX이고, 그렇지 않다면 사용자가 불만을 토로한다.

이에 따라 AI를 통해 어떻게 하면 더 좋은 추천, 사용자 경험에 부합하는 개인화를 만들어낼 것인가가 중요한 화두로 떠오르고 있다.

스타일 퀴즈를 통해 사용자를 파악한 다음 스타일링을 제안하는 stitch fix

사용자의 스타일 프로필을 작성하게 유도하는 스타일 퀴즈

평소에 입는 피팅 스타일 파악   스타일링 제안

출처: stitch fix

사용자 데이터

디지털 서비스는 여러 경로로 사용자의 데이터를 파악할 수 있다. 회원가입 과정을 통해서 기본적인 신상 명세 데이터를 파악할 수 있고, 로그 분석 툴을 통해서 서비스상의 사용자 활동 데이터도 얻을 수 있다. 그 외에 검색 기록이나 이벤트/커뮤니티 참여 데이터 등도 사용자에 따라 확보가 가능하다. 그러나 이러한 데이터만으로는 제대로 된 개인화를 전개하기에 무리가 있기 때문에 별도의 명시적인 경로를 통해서 사용자의 취향, 관심사, 서비스와 관련된 구체적인 데이터를 파악하는 것이 필요하다.

디지털서비스에서 파악 가능한 사용자 데이터

기본 활동	
유입, 유출 경로	어느 채널, 터치포인트를 통해서 들어오고 나갔는지
이동 경로	순차적인 이용흐름, 맥락에 따른 이용흐름, 특정 화면까지의 이용흐름
관심사	특정 메뉴에 머문 시간, 내비게이션에서 선택한 메뉴/기능/정보
탐색 행위	자주 이용한 검색어, 필터 옵션, 해시태그

화면 내 활동		주/보조활동	
스크롤	화면 내 관심도	주활동	구매, 신청, 가입 등
체류시간	콘텐츠에 대한 주목도	보조활동	찜, 공유, 임시 저장 등
인터랙션	하위 콘텐츠별 몰입도 측정	기타	취소, 다른 정보로의 이동

서비스와 관련된 구체적인 사용자 데이터 파악

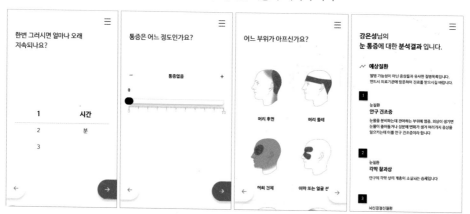

출처: 비플러스랩

개인화는 운이 좋아서 로또에 당첨되는 것과는 성격이 다르다. 서비스는 더 나은 개인화를 위해서 사용자의 반응 데이터가 필요하며, 사용자 또한 본인에게 더 나은 개인화를 위해서 다양한 반응을 보인다. 가장 대표적인 반응은 무관심이다. 아무런 반응도 보이지 않는 것이 가장 대표적인 반응이다. 그다음으로는 좋아요, 찜 등의 작은 행동을 수시로 한다. 다음에 다시 보기 위해, 다음에도 유사한 콘텐츠를 볼 수 있게, 다음에는 이런 유형의 콘텐츠는 안 보기 위해 등 어떤 목적을 가지고 그러한 반응을 한다. 개인화에서 드러나는 사용자 행동은 다음과 같다.

- 기본적 행동: 반응, 무시, 빈도, 순서

- 명시적 행동: 좋아요, 싫어요, 구독, 구독 취소, 즐겨찾기, 찜, 댓글, 평점

- 암묵적 행동: 다음 콘텐츠 이어 보기, 구간 이동, 중도 이탈, 정보 간 이동, 특정 매개체 선호

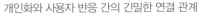

개인화와 사용자 반응 간의 긴밀한 연결 관계

출처: 유튜브, 인스타그램, 네이버 구독

최근 마이데이터가 본격화되면서 국내 금융권 서비스의 UX가 큰 폭으로 상향됐다. 이전에는 거래, 상품 위주로 천편일률적이었다면 마이데이터를 도입한 이후에는 데이터를 활용하는 측면에서 차별화된 행보를 보인다. 금융연수원에서 UX/UI를 강의하고 있는 글쓴이 입장에서는 아무래도 더 관심이 갈 수밖에 없는데, UX적인 면에서 현재까지의 성적을 놓고 봤을 때는 신한은행의 머니버스가 가장 잘하고 있는 것으로 보인다.

기본적인 개인화

개인화는 기본적으로 데이터를 필요로 한다. 사용자의 계정, 활동, 반응에 대한 데이터 없이 개인화를 제공한다는 것은 불가능하다. 그러나 반드시 AI가 있어야 개인화가 가능하지는 않다. AI나 어떤 사용자 분석 과정 없이도 아주 쉽게 제공할 수 있는 개인화

가 있다. 바로 최근 이력(Recent history)을 재방문 시에 보여주는 것이다. 대부분 사용자는 이전에 사용했던 검색어를 다시 찾고, 이전에 썼던 카드, 계좌, 전화번호, 사람, 정보를 다시 찾을 확률이 무척 높다. 여기에 빈도나 순서를 결합하면 더 나은 개인화가 가능하다. '자주 찾는 정보', '즐겨 찾는 시간대', '선호하는 옵션' 등을 좋은 기본값(Good Default)으로 사용자에게 제시할 수 있는 것이다.

사용자는 이전에 한 행동을 다시 찾는 경우가 많다

출처: 오아시스

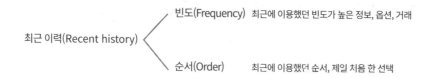

다음은 네이버쇼핑에서 노트북을 탐색하는 예시다. 상세한 일반검색 외에 쉬운검색을 제공하여 노트북에 대해 잘 모르는 사용자도 쉽게 몇 가지 기본 조건만으로 원하는 노트북을 찾을 수 있다. 또한 이 과정에서 기 선택한 조건 또는 최신 트렌드에 기반하여 가장 적합한 노트북을 추천받을 수 있다(다음 이미지 오른쪽 '요즘 핫한 노트북을 추천해드릴까요?' 부분).

정보 탐색 과정에서 받을 수 있는 기본적인 개인화

출처: 라이트브레인 UX아카데미 18기 '네이버쇼핑'조

고도화된 개인화

최근 이력, 빈도, 순서와 같은 기본적인 데이터를 벗어나서 누군가의 성향과 관심사에 기반하여 개인화된 서비스를 제공할 경우, 사용자를 서비스에 더 밀착시킬 수 있다. 기본적인 개인화도 분명 가치가 있지만, '고도화된 개인화'는 더 세심하고 사용자를 기쁘게 만든다.

AI가 대중화되기 이전에는 개별 사용자 데이터에 기반하여 콘텐츠를 바로 매칭하는 게 아니라, 일단 사용자를 특정 프로파일로 분류한 뒤, 프로파일별로 콘텐츠를 매칭하는 방식을 사용했다. '나'가 아니라, '내가 속한 집단(프로파일)'에 적합한 콘텐츠가 제시되다 보니 결과가 부정확할 때도 많았다.

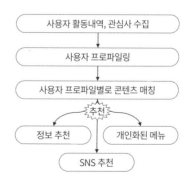

프로파일별 개인화의 목적은 어디까지나 근사치에 가까운 제안을 하는 데 있었고, 사용자들은 제시된 개인화 결과에 민감하게 반응하지도 않았다.

그러나 점차 AI 기술이 발전하면서 개인화의 수준은 '내가 속한 집단'이 아닌, '나'에게 초점을 맞출 수 있게 된다. '특정 그룹'에 해당하는 사람이라면 모두 동일하게 받았던 개인화 서비스가 이제는 오롯이 나 혼자만을 위한 서비스로 탈바꿈하게 된 것이다. 나의 활동내역, 관심사, 취향, 선호도뿐만 아니라 반응, 맥락 데이터까지 활용하면서 훨씬 고도화된 추천이 가능해졌다.

다음의 왼쪽 이미지는 개인화와 초개인화의 차이를 잘 보여준다.

(왼쪽) 개인화와 초개인화의 차이를 보여주는 도식, (오른쪽) 맥도널드 드라이브스루에 적용된 초개인화

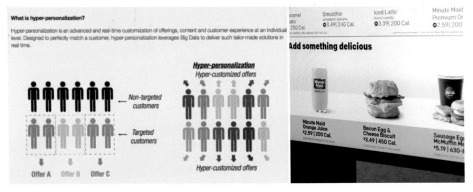

출처: Shopify, Dynamicyield

일부 맥도널드 드라이브스루(Drive Through)에 가면 진입한 차량 번호를 통해 운전자를 파악하고, 그가 즐겨 찾는 아이템들을 추천해준다. 게다가 날씨와 같은 맥락까지 고려해서 추천하는 메뉴가 달라지기도 한다. 이처럼 초개인화는 한 사람 한 사람에게 맞춤화된 경험을 제공한다고 볼 수 있다.

큐레이션 개인화

콘텐츠의 목적에 따라 정보를 분류하고 가공해서 제공하는 것을 '큐레이션(Curation)'이라고 한다. 큐레이션은 서비스 운영자가 서비스주도권을 발휘하여 정보를 분류/가공해서 제공하기도 하지만, 현재 사람들에게 관심을 많이 받는 주제에 기반(예: 월드컵 거리응원 움짤 베스트)해서 해당 이슈와 관련된 정보를 추천하는 경우도 많다.

YTN에서 제공하는 뉴스 큐레이션 서비스, 이슈뫼(issue moebius)

출처: YTN

예시로 든 YTN의 이슈뫼은 에디터가 그날의 중요한 이슈 10여 건을 선정하고, 이를 3문단으로 요약·정리해서 저녁 6시에 제공하는 뉴스 큐레이션 서비스다. YTN 기사가 아닌, 전체 뉴스 범위 내에서 재분석·기획 기사에 초점을 맞추고 있는데, 타사에서 제공하는 기사를 바로 노출하기보다는 제목을 재구성하고, 여러 기사 정보와 함께 관점을 재정립하여 정리해서 제공함으로써 색다른 뉴스 서비스로 콘셉트를 만들었다.

개인화된 큐레이션은 사용자 관심사에 기반하여 분류/가공/제공하는 정보를 개인화하는 것을 말하며, 개인이 아닌 좀 더 넓은 집단(예: 20대 직장인 여성을 위한 신규 서적)을 대상으로 하기도 한다.

맞춤 콘텐츠 설정 이후 상황별 큐레이션(개인화) 제공 예시

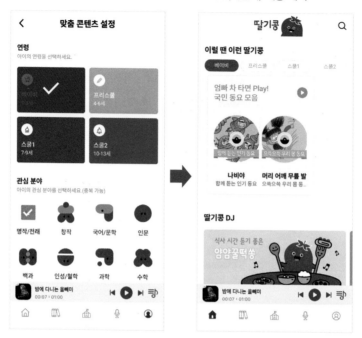

출처: 딸기콩

예시로 든 '딸기콩'이라는 어린이 오디오북 서비스는 부모가 자녀의 연령 및 관심 분야를 설정해놓으면 자녀에게 적합한 콘텐츠를 상황별로 추천받을 수 있다. 초기에 사용자 정보를 맞춤화하면 그다음부터는 콘텐츠 개인화(큐레이션)가 진행된다. 예를 들어 차 안에서, 식사 중일 때 등 부모가 필요에 따라서 적절한 콘텐츠를 선택할 수 있는 '이럴 땐 이런 딸기콩'이라는 상황별 큐레이션을 제공한다.

개인화된 큐레이션은 사용자로부터 본인의 취향 및 관심사를 파악하여 서비스 내에 다양한 콘텐츠를 매칭해주는 방식이다. 개인화된 큐레이션은 '나만을 위한 콘텐츠'를 볼 수 있다는 장점이 있다. '나와 관련된 콘텐츠'이기 때문에 탐색의 범위가 넓지도, 노력이 많이 요구되지도 않는다. 서비스가 제공한 범위 내에서 관심 있는 것들을 살펴보고, 관심사에서 먼 것은 그 이유를 서비스에 알려주면 되기 때문이다.

5060세대 액티브 시니어(Active Senior) 대상 라이프 스타일 콘텐츠 큐레이션 서비스

출처: 오뉴(ONEW)

개인화의 방향

앞에서 언급했듯이 우리는 점점 더 개인화에 익숙한 삶을 살아가고 있다. 아무것도 제시하지 않는 서비스가 오히려 이상한 서비스인 시대인 것이다. 서비스는 당연히 '나'를 알고 이해하고, 내가 원하던 그것을 (어떻게 하는지는 잘 모르겠지만) 귀신같이 맞혀서 제공해야 하는 게 당연하다. 이처럼 현재 개인화의 목표는 단골 고객을 금방 알아보고, 그들의 취향과 관심사에 따라서 상품을 추천하는 '뛰어난 점원'을 닮아가는 데 있다. 오프라인에서는 부유한 소수의 특권 계층만이 받을 수 있었던 특별한 서비스(Dedicated Personal Service)를 디지털에서는 누구나 받을 수 있게 되었다. 초개인화는 그것을 가능하게 하는 매우 중요한 수단이다. 그렇다면 앞으로 개인화는 어떤 방향으로 발전해 나갈까?

앞으로 개인화의 방향

'누군가'가 아닌 '나'만을 위한 서비스 초개인화	개인화 결과에 대한 근거 제시 설명가능한 개인화

'누군가'가 아닌 '나'만을 위한 서비스

사람들은 누구나 불확실한 것을 싫어한다. 누구나 미래는 불확실하다. 한 치 앞도 내다볼 수 없는 게 인생이다. 그런데 초개인화는 현재 데이터에 기초하여 미래를 예측할 수 있다. 누군가의 인생 상담을 하는 것까지는 아직 무리지만, 일부 서비스 영역에서는 비교적 신뢰도 높은 근거를 기반으로 사용자의 '미래를 예측'하는 초개인화가 점차 선을 보이고 있다. 이것을 오프라인에 비유하자면 '뛰어난 점원'보다는 '소문난 점쟁이'에 가깝다고 할 수 있다.

초개인화가 도입된 서비스 예시

출처: 신한은행

예시로 든 신한은행 머니버스는 사용자가 올해 받을 수 있는 절세 예상 금액을, 그 옆의 뱅크샐러드는 10년 뒤 예상 병원비를 알려준다. 이들은 현재가 아닌, 미래의 정보다. 금융에서는 미래의 '불확실한 정보'를 고객에게 안내하기를 꺼리는데, 이제는 조심스럽게 이러한 서비스가 늘어나고 있다. 세금이나 건강과 같은 민감한 영역에서 초개인화를 통해 지금까지는 어렴풋하게 짐작하거나 아예 알 수 없었던 정보까지 제시하고 있는 것이다.

개인화 결과에 대한 근거 제시

유럽연합은 AI가 내린 모든 결정에 대해 사용자는 '설명 받을 권리'가 있다는 점을 '개인 정보 보호법'으로 규제하고 있다. 제시된 결과뿐만 아니라, 왜 그것을 제시했는지까지 같이 전달해야 한다. 이것은 법적 규제를 떠나서 '결과에 대한 신뢰' 측면에서 UX적으로도 중요한 문제다.

개인화 결과에 대한 근거 예시

출처: 네이버 쇼핑

위 네이버 쇼핑 예시를 보면 사용자의 이전 활동 이력(최근에 찾으신, 내 관심 카테고리)에 기반해 정보를 추천한다. 사용자는 해당 정보가 왜 본인에게 제시됐는지 쉽게 파악할 수 있기 때문에 제시된 정보에 대한 신뢰도가 (그냥 제시할 때보다) 더 올라갈 것이다.

다음의 로빈후드라는 투자 서비스에서는 검색 시 제공되는 추천 키워드, 트렌드 리스트에 대해 그 이유를 알려주는 별도 설명 페이시를 제시하고 있다.

근거를 별도로 설명하고 있는 로빈후드

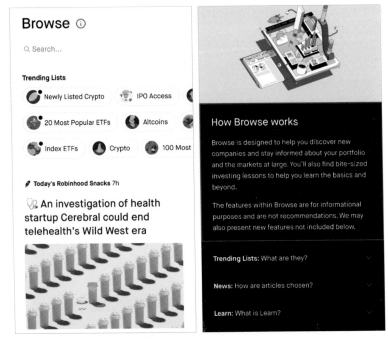

출처: 로빈후드

개인화 도입 이후 사용자 경험 조사

개인화가 강화되면 사용자 경험이 변화되고 사용자가 얻는 가치도 달라지기 마련이다. 개인화를 지속해서 발전시키기 위해서는 개인화 강화 이후에 사용자 경험상 어떤 변화가 있었는지를 파악해야 한다.

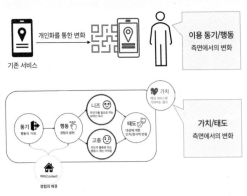

이용 동기/행동
측면에서의 변화

- 개인화 이후, 어떤 경험 요소에 더 관심을 갖게 되었는가?
- 서비스가 참여/개입(engagement) 요청 시 사용자의 반응이 어떻게 달라졌는가?
- 서비스가 제시하는 개인화에 반응이 어떻게 달라졌는가?
- 사용자가 관심을 갖는 정보 시점이 어떻게 달라졌는가?

가치/태도
측면에서의 변화

- 사용자가 개인화에서 추구하는 가치는 무엇인가?
- 개인화 이후 서비스에 대한 인식이 어떻게 달라졌는가?
- 개인화 이전에 비해 덜 중요하게 평가절하하게 된 가치는 무엇인가?

8

추천

"기본적으로 추천은 사용자와
아이템(정보)의 관계에서 비롯된다.
누군가에게 만족할 만한 무언가를 제시하는 것이 추천이기 때문이다.
그런데 이 둘이 꼭 연결(Matching)되지 않아도
추천이 가능한 경우가 있다."

참신한, 뜻밖의, 폭넓은
네이버 쇼핑 예시
추천의 다양한 방식
아이템 기반의 추천
사용자 기반의 추천
사용자-아이템 매칭
친근한 어투

참신한, 뜻밖의, 폭넓은

추천은 한때 눈에 띄지 않는 존재였다. 서비스 주도의 이벤트, 기획전, 인기 상품 등이 중요했고 추천은 그 옆에서 양념처럼 곁가지로 배치됐다. 하지만 이제 추천은 옵션이 아닌 필수가 됐다. 다양한 데이터가 사용자에게 더 나은 추천을 제시하기 위한 재료로 활용되기 시작했고, 추천 알고리즘은 서비스 분야(domain)별로 갈수록 정교해지고 있다.

전통적인 추천 방식

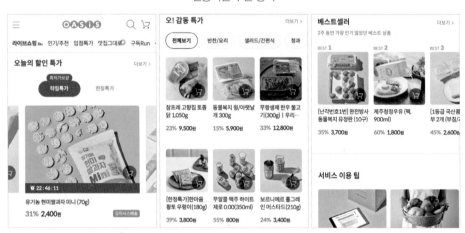

출처: 오아시스

물론 아직까지도 할인, 신상품, 베스트상품 등의 전통적인 추천 방식을 고집하는 경우도 많고, 실제로도 이러한 방식은 어느 정도 효과를 보인다. 그러나 '나를 알아주고, 내 취향에 맞는 상품을 추천하는' 서비스와 '일반적인 근거에 기반해서 추천하는' 서비스가 경쟁한다면 어느 서비스가 우위를 차지할지는 자명한 일이다.

추천 방식의 변화

예를 들어 유튜브, 틱톡, 넷플릭스 등의 미디어 분야에서는 사용자 취향과 인기도를, 커머스에서는 현재 맥락과 관심사를, 금융에서는 가입상품과 유사한 다른 사용자의 패턴을 추천 알고리즘에 반영하고 있다.

정보 간의 관계나 인기도에 기반했던 예전 방식이 이제는 다양해지고 있다. 정보에 대한 메타데이터, 사용자 반응 데이터(해시태그, 댓글, 리뷰), 다양한 맥락 데이터를 활용하여 서비스 분야의 특징을 살린 참신한(novelty), 뜻밖의(serendipity), 폭넓은(diversity) 추천이 늘어나고 있다.

참신한(novelty)은 새로움(New)과는 다르다. 단지 새롭다는 이유로 추천되는 게 아니라, 현재 경험과 연관 지어 사용자가 예상하지 못했던 새로운 발견을 하는 것이다. 찾고 싶었으나 찾지 못했던 것들을 보여줘서 '맞아, 이런 게 있었지?'하고 맞장구를 치게 만드는 것이다.

뜻밖의(serendipity)는 전혀 생각하지도 못했던 추천에 관한 것이다. 유튜브 사용자들이 흔히 말하는 '알고리즘이 데리고 왔다'는 표현이 여기에 해당한다. 평소에 관심을 두지 않았던 영역인데, 어쨌든 보고 나니 흥미로운 콘텐츠라고 평가되는 우연적인 발견이 '뜻밖의(serendipity)'이다.

폭넓은(diversity)은 직접적인 정보 간 유사성이나 연관성 대신에 사람 간의 연결이나 정보에 포함된 메타데이터를 활용해서 간접적으로 연결되는 정보를 추천하기도 한다. (예: 이 정보를 좋아한 사용자들은 이런 정보에도 관심을 보였어요.)

이전의 추천 방식인 인기도(Best)와 새로움(New)은 전체 아이템 중에서 극히 일부에만 관심이 몰리는 부작용이 있었다. 이렇게 관심이 몰린 아이템을 인기 아이템(Hot Item)이라고 부르고, 반대의 아이템을 죽은 아이템(Cold Item)이라고 부르는데, 좋은 정보/상품/콘텐츠임에도 불구하고 추천 방식의 한계로 인해 사장되어 버린 경우도 적지 않았다. 그러나 새로운 추천 방식인 참신한(novelty), 뜻밖의(serendipity), 폭넓은(diversity) 추천은 전체 아이템에 골고루 적용되기 때문에 이전과 같은 부작용은 훨씬 덜해진다.

한 가지 오해해서는 안 되는 점은 인기도(Best)와 새로움(New)이 여전히 중요하다는 사실이다.

네이버 쇼핑 예시

정보의 메타데이터를 활용하여 추천의 정확성을 높임

사용자의 관심사와 일치하는 정보의 태그나 메타데이터를 활용하여 (다른 정보를 직접 추천하는 것보다) 추천의 정확도를 높이고 있으며, 최근 관심 분야에 걸쳐 새로운 정보를 추천하기도

한다. 정보가 아닌, 정보 연결 매개체를 제안하여 서비스 탐색 경험이 활발하게 이어질 수 있도록 하는 것이다.

인기도를 벗어난 추천 범위(Coverage) 확대

인기도(Popularity) 위주의 추천은 전체 정보 중 일부에만 탐색이 편중되는 부작용이 있다. 네이버쇼핑은 비인기 상품이지만 사용자에게 매력적인 상품(cold item)과 관심 분야 내 신상품 등

을 다양한 데이터(뉴스, 블로그, 검색)에 기반하여 추천함으로써 쇼핑 취향이 확실한 사용자들에게 어필한다.

개인 관심사와 연관된 정보 추천

사용자가 관심 있어 하는 정보와 연관된 다른 정보를 보여줌으로써 맥락을 유지하면서 더 다양한 정보로 이어질 수 있게 하고 있다. 이러한 추천 시스템은 관심 상품, 관심 쇼핑몰, 관심 카테고리 등 정보의 위계에 따라 다양한 정보 간 연결을 가능하게 한다.

추천의 좋은 본보기, 네이버쇼핑 FOR YOU

네이버쇼핑 FOR YOU는 현재 시점에서 다양한 추천 방식을 보고 배울 수 있는 가장 좋은 본보기다. 앞에서 언급했던 다양한 추천 방식, 연결 매개체, 유기적인 정보 간 이동이 대부분 담겨 있다. 특히 사용자의 프로파일이나 활동 이력에만 다양한 데이터를 활용하고 있으며, 추천이 단일 정보뿐만 아니라, 태그나 판매처, 유사 정보로까지 제공된다는 점을 주목해야 한다. 이번 챕터를 읽은 다음에는 반드시 네이버쇼핑 FOR YOU에 들어가서 실제 사례를 살펴보기를 권한다.

추천의 다양한 방식

기본적으로 추천은 사용자와 아이템(정보)의 관계에서 비롯된다. 누군가에게 만족할 만한 무언가를 제시하는 것이 추천이기 때문이다. 그런데 이 둘이 꼭 연결(Matching)되지 않아도 추천이 가능한 경우가 있다.

어떤 정보를 보러 들어온 사용자는 분명 그 정보에 대한 의도가 있을 것이다. 그렇다면 해당 정보와 연관된 다른 정보를 보여주는 것이 곧 그 사용자의 의도를 만족시키는 길이지 않을까?

또 한편으로는 사용자와 유사한 다른 사람이 좋아하는 아이템은 해당 사용자도 좋아할 확률이 높다는 합리적인 가정을 세울 수도 있다. 그렇다면 (아이템은 일단 제쳐 두고) 그 둘을 연결하기만 되는 일 아닌가?

이 3가지 관계에 앞에서 살펴본 '인기 있는(popularity)', '참신한(novelty)', '뜻밖의 (serendipity)', '폭넓은(diversity)'을 결합하면 여러 가지 추천 방식이 떠오를 것이다.

1. **아이템 기반의 추천**: 현재 보고 있는 카테고리 내의 가장 인기 있는 아이템 추천

2. **아이템 기반의 추천**: 현재 보고 있는 아이템과 연관된 아이템 추천(메타데이터나 태그를 활용)

3. **사용자 기반의 추천**: 유사한 다른 사용자의 선택을 추천

4. **사용자-아이템 매칭**: 이전의 활동 이력(검색, 조회, 구매, 공유, 저장 등)에 기반한 추천

5. **사용자-아이템 매칭**: 이전 활동 이력과 연관된(더 새롭거나 폭넓은) 다른 아이템 추천

6. **사용자-아이템 매칭**: 이전 활동과 거리가 먼 엉뚱한 아이템 추천

아이템 기반의 추천

현재의 아이템을 기준으로 정보를 연결하여 추천하는 방식이다. 아이템을 기준으로 한다는 것은 그것을 보러 들어온 사용자의 의도에 기반한다는 얘기다.

이 추천은 아이템 그 자체, 또는 그것이 속한 카테고리, 또는 그 속성(메타데이터)의 연결 매개체 역할을 수행한다. 여기에는 각 서비스 분야의 특징도 반영된다. 영화나 음악의 경우에는 배우/아티스트가, 도서의 경우에는 저자/출판사가, 제품의 경우에는 충전 방식/플랫폼 등이 추가적인 연결 매개체로 작용할 수 있다.

다음 3가지 예시에서는 현재 아이템과 연관된 다른 상품이 추천되고 있다. 현재 아이템과 동일 카테고리에 있는, 또는 유사한 속성을 가지고 있는, 또는 같이 구매하는 상품이 각각 표시된다.

아이템 기반의 추천 예시

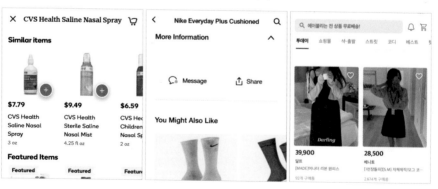

출처: shipt, nike, from mobbin, 에이블리

카테고리나 속성에 기반한 추천은 메뉴나 검색, 필터를 통해서도 사용자가 접할 수 있기 때문에 추천의 효과가 그다지 높지 않다. 따라서 해당 상품과 (보편적으로) 함께 구매되거나 맥락상 같이 거론되는 '연관된 다른 아이템'을 추천하는 것이 더 높은 효과를 거둘 때가 많다.

연관된 다른 아이템 추천 예시

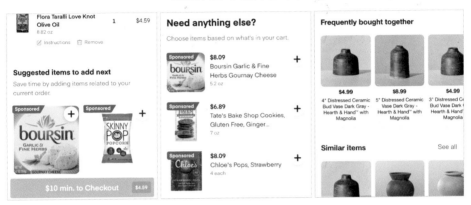

출처: Instacart, target, From mobbin

연관된 다른 아이템 추천은 통계적인 통찰(Insight)이나 각 상품을 담당하는 MD (Merchandiser)의 판단에 의존한다. 공간적인 제약이 크지 않을 경우에는 하나가 아닌 여러 가지 추천 방식이 함께 제시되기도 한다. 앞의 오른쪽 예시에서 보는 것처럼 연관성과 유사성에 기반한 추천이 함께 제시될 수도 있고, 여기에 (동일 카테고리 내) 인기도 등이 함께 제시되는 경우도 많다.

사용자 기반의 추천

본인과 유사한 다른 사용자의 취향을 추천하는 방식이다. 보통은 개인화에서 언급했던 프로파일을 기준으로 추천이 이뤄지지만, 최근에는 좀 더 구체적인 서비스 경험에 밀착해서 추천을 진행한다. 다음 예시에서 보듯이 '동일한 팬들이 좋아하는 다른 아티스트들'을 추천하거나, '같은 지역에 사는 주민들'이 선호하는 장소, '같은 상품을 찜한 사용자들'의 관심 상품을 보여주는 식이다.

구체적인 서비스 경험에 밀착해서 사용자 기반의 추천을 하는 예시

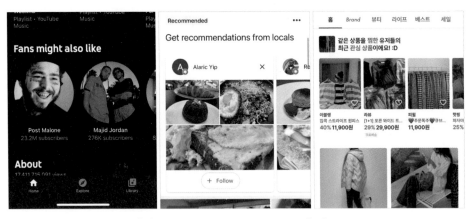

출처: tidal, google maps, From mobbin, 지그재그

사용자 본인도 모르는 특정 프로파일에 기반한 추천보다는 '같은 팬, 같은 지역 주민, 같은 상품을 찜한 사용자'가 더 시의적절하지 않을까? '4장 연결 매개체'에서 봤던 '사람 간의 연결'이 이 경우에 중요한 변수로 작용한다. 사용자가 더 체감할 수 있는 추천이 되기 위해서는 어떤 연결 매개체를 이용하는 것이 맞을지 UX적으로 고민해봐야 한다.

추천의 근거를 높이고, 추천하는 결과의 폭과 품질도 확보할 수 있는 좋은 방법 중 하나는 전문적인 사용자(Proteur, Prosumer)의 큐레이션을 활용하는 것이다. 일반 사용자들 간에 주고받는 커뮤니티 성격도 좋지만, 그보다는 좀 너 선분적인 사용자들을 끌어들여서 그들이 전하는 콘텐츠를 취향/관심사별로 분류하여 다른 사용자들에게 매칭해줄 경우, 추천의 효과가 더 올라갈 수 있다.

주변의 숨어 있는 감각적인 공간을 발견하는 공간 추천 서비스, 데이트립(daytrip)은 건축가, 여행 작가, 포토그래퍼 등 전문 큐레이터의 시각으로 해석한 공간을 추천해준다. 공간 큐레이션을 통해서 사용자 본인의 취향에 맞는 분위기의 공간을 발견할 수 있다.

데이트립에서는 공간 큐레이션을 통해 내 취향에 맞는 공간 분위기를 발견할 수 있다

출처: 데이트립(daytrip)

사람들은 어떤 사람들에게서 영향을 받을까?

사람들은 자신이 아는 사람 다음으로 자신과 비슷한 사람으로부터 영향을 많이 받는다. 추천에 있어서 사용자가 직접 아는 사람을 매개체로 삼는 것은 사실상 불가능하므로 사용자와 비슷한 사람을 매개체로 하여 추천하는 게 현실적인 방법이다. 위에서 언급했던 '같은 팬, 같은 지역 주민, 같은 상품을 찜한 사용자' 등의 예시를 참고하기 바란다.

'나와 비슷하다'는 것은 상대적인 느낌이라서 추천 시 체감하는 정도 또한 비슷함의 정도에 따라 달라지기 마련이다. '사용자 기반의 추천'을 고민하는 UXer라면 해당 시점에서 어떤 '비슷함'이 사용자에게 더 체감될 수 있을지 고민해야 한다. 좋은 UX와 평범한 UX는 세심함(Detail)에 의해 판가름 난다.

사용자-아이템 매칭

사용자의 활동 이력에 기반하여 그와 연관된 아이템을 매칭하고 좀 더 특화된 서비스를 제공하는 것은 초개인화(Hyper-Personalization)의 가장 기본적인 출발점이다. 서비스에 따라 활동 이력 외에 개인 정보나 비교적 장기적인 데이터인 가입/구독한 상품, 보유 자산/소비 지출 내역 등을 활용하는 경우도 많다. 다음의 하나은행(하나합)과 우리은행

(미래의 나) 서비스는 사용자 정보를 바탕으로 하여 자산관리 분석 및 미래 금융 생활 안내를 제공한다.

비교적 장기적인 데이터를 활용하면 좀 더 긴밀한 추천이 가능하다

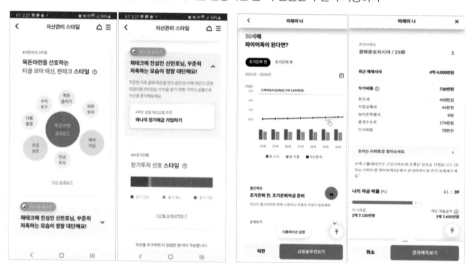

출처: 하나은행, 우리은행

현재의 활동(검색, 조회, 구매 등)에만 지나치게 초점을 맞출 경우에는 민첩하게 사용자의 의도에 반응한다는 장점도 있으나, 이미 구매한 상품을 다시 추천하는 우스꽝스러운 추천이 이뤄지거나 지나치게 좁은 범위 내에서만 추천이 되는 문제가 발생한다.

이때는 추천 범위를 확장하고(diversity), 사용자에게 색다른 추천(novelty)을 하는 게 필요하다. 서비스를 이용하면 할수록 제시되는 정보 또한 갈수록 좁아지는 것을 누구도 원할 리 없기 때문이다. 그러기 위해서는 사용자에 대한 더 많은 데이터가 필요하다.

다음 쿠팡의 예시를 보면 현재의 활동(상품 조회) 데이터만으로 추천이 진행되다 보니 제시되는 결과가 지나치게 좁은 것을 볼 수 있다. 고구마를 조회하거나 구매한 다음에 처음으로 돌아가면 홈 화면의 많은 영역이 고구마로 도배된다. 이는 현재의 경험에 충실하다는 장점으로 보일 수도 있겠지만, 지나치게 가벼운 접근 방식이다.

쿠팡에서는 특정 상품 조회 후 대부분의 추천이 그와 관련된 내용으로 도배된다

출처: 쿠팡

활동 이력에 기반하여 추천할 경우에는 무조건적인 제시나 애매한 표현(You might also like)보다는 어떤 근거로 추천하는지 드러나는 게 좋다.

근거가 부족한 추천은 주목도 약하고 신뢰하기도 힘들다

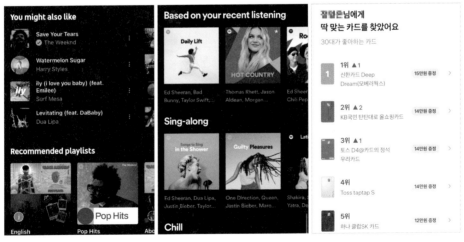

출처: tidal, 토스

연결 매개체에서 살펴본 바와 같이 추천이 반드시 다른 정보로의 수평적인 이동일 필요는 없다. 정보가 아닌 채널, 브랜드, 판매자, 메타데이터, 태그 등을 추천하는 것도 맥락에 따라서 매우 유용하게 작용할 수 있다. 정보를 추천했을 때는 기껏해야 다른 정보로의 수평적인 이동에서 그치지만, 연결 매개체를 추천할 경우에는 더 넓은 탐색이 이어진다는 장점이 있다.

다음 그림은 Depop이라는 커머스 앱의 검색 화면이다. 사용자의 활동 이력과 관련된 여러 태그를 제시하여 검색어를 굳이 입력하지 않아도 태그 조합만으로 상품을 찾을 수 있게 하고 있다.

친근한 어투

최근의 추천은 내용 면에서도 이전보다 더 UX 친화적인 면모가 늘고 있다. 이해하기 쉽고 편하게 느낄 수 있게 친근하고 세련된 어투로 추천을 진행하는가 하면, 개인화나 의인화 수준이 높은 표현을 사용하고, 어떤 데이터를 근거로 추천했는지도 명확하게 안내하고 있다. 다음 예시를 보면 딱딱한 문어체가 아닌 일상적인 구어체를 통해 제시된 정보를 보다 쉽게 이해하고, 말(Wording)만 읽어도 그 내용을 무리 없이 파악할 수 있게 하고 있다.

제시된 정보는 직접 찾은 정보에 비해서 더 친근한 어투가 중요하다

출처: 신한은행 머니버스, 토스

추천은 불특정 다수가 아닌, 사용자 개인을 위해 제시되는 정보이므로 딱딱한 문어체보다는 대화형 어투로 제공하는 게 더 바람직하다. 일반적인 정보에서라면 상관없을 딱딱한 어투가 추천 시에도 똑같이 적용되면 마치 딱딱하게 말한다는 인상을 사용자가 받을 수 있기 때문이다.

대화형 어투뿐만 아니라, 대화형 인터페이스까지 도입한 예시

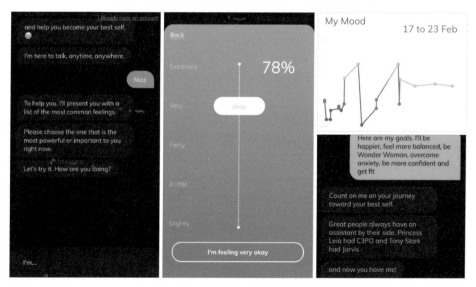

출처: Youper

123

UX/UI
디자인
완벽 가이드:
IA와 유저 플로우 편

9

맥락의 유지

"흔히 UX 리서치라고 하면 사용자들의 행동, 고충, 니즈를 밝히는 게
전부라고 생각하는 경향이 있는데,
때로는 심성모델을 아는 게 UX 리서치의 목적인 경우도 있다.
사용자의 심성모델을 알게 되면 서비스의
큰 그림을 조율하고, 자원을 재분배하고, 구조를 변경할 수 있다."

심성모형(Mental Model)
공간
시간

심성모형(Mental Model)

심성모형이란 사용자가 대상을 마음속에서 어떻게 묘사하는가를 말한다. 심성모형은 사용자가 서비스를 이용하는 순서나 서비스의 정보에 대한 구조를 표상(representation)하므로 'IA에서의 맥락 유지'를 위해 반드시 짚고 넘어가야 하는 중요한 부분이다.

심성모형은 사용자의 '어떤' 마음을 묘사할 것이냐에 따라 3가지 형태가 존재한다.

심성모형의 3가지 유형

가치 모델 (우선순위)   기능 모델 (순서)   구조 모델 (상호관계)

가치 모델은 해당 서비스에 대해서 사용자가 중요시하는 가치의 우선순위를 밝힌다. 기능 모델은 서비스 이용 순서를 사용자가 어떻게 떠올리고 있는지에 관한 것이다. 구조 모델은 서비스 내의 여러 정보, 기능, 메뉴를 사용자가 어떤 구조로 기억하고 있는지에 관한 것이다.

가정용 로봇에 대한 주부들의 심성모형

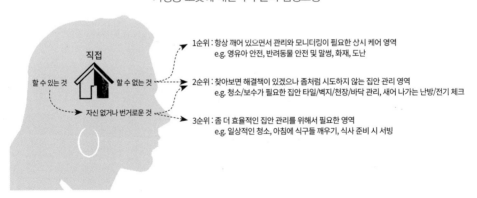

직접

할 수 있는 것   할 수 없는 것

자신 없거나 번거로운 것

1순위 : 항상 깨어 있으면서 관리와 모니터링이 필요한 상시 케어 영역
e.g. 영유아 안전, 반려동물 안전 및 말썽, 화재, 도난

2순위 : 찾아보면 해결책이 있겠으나 좀처럼 시도하지 않는 집안 관리 영역
e.g. 청소/보수가 필요한 집안 타일/벽지/천장/바닥 관리, 새어 나가는 난방/전기 체크

3순위 : 좀 더 효율적인 집안 관리를 위해서 필요한 영역
e.g. 일상적인 청소, 아침에 식구들 깨우기, 식사 준비 시 서빙

위 이미지는 가정주부들이 가사노동과 관련하여 AI 로봇의 도움을 필요로 하는 영역을 심성모형으로 나타낸 것이다. 이 심성모형을 통해서 우리는 1순위부터 3순위에 이르기까지 주부들이 AI 로봇에 어떤 것을 필요로 하는지 알 수 있다.

다음 이미지는 핀테크 서비스인 뱅크샐러드 사용자들의 심성모형을 나타낸 것이다. 사용자들은 뱅크샐러드의 서비스를 크게 가계부와 자산으로 구분하고 있으며, 분석이 그둘의 연결고리라고 여기고 있었다. 두 중심 서비스에는 세부적인 메뉴들이 '사용자 중요도 순서'에 따라 배치되어 있다. 반면 뱅크샐러드가 밀고 있는 건강은 심성모형의 변두리에 위치한다. 핀테크와 어울리지 않는다고 여기는 것이다.

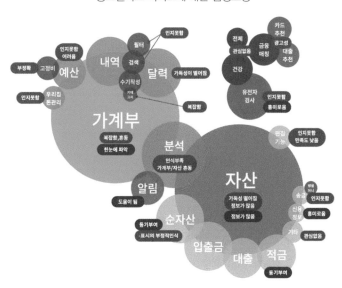

뱅크샐러드 서비스에 대한 심성모형

출처: 라이트브레인 UX아카데미 19기 '뱅크샐러드'조

심성모형을 알게 되면 사용자들에게 맥락이 좀 더 잘 유지되는 서비스를 제공할 수 있다. 사람들은 마음먹은 대로 서비스가 동작할 때 자연스럽다거나 맥락이 이어진다고 여기기 때문이다. 심성모형 가운데서도 어떤 요소가 연결의 매개체 역할을 하는지 아는 게 중요하다. 다음 메가박스의 '극장별 예매'는 원하는 극장 3개를 미리 선택한 다음, 선택한 극장별로 영화 예매 시간을 조회할 수 있다. 극장 선택을 한 뒤, 자유롭게 사용자가 상영시간을 고를 수 있게 한 것이다.

메가박스의 극장별 예매

출처: 메가박스

여기서 연결 매개체는 '원하는 극장 3개'이며, 하나의 영화를 기준으로 선택한 극장을 자유롭게 오갈 수 있는 것이 맥락을 잘 살린 것이라고 할 수 있다. 1개의 극장만 선택할 수 있었다면 상영시간 조회/선택은 매우 제한적인 경험이 됐을 것이다. 사용자가 여러 극장을 오가며 본인이 원하는 상영시간을 살펴보는 다소 부자연스러운 경험이 연출됐을 것이다.

심성모델을 아는 게 UX 리서치의 목적인 경우도 많다

흔히 UX 리서치라고 하면 사용자의 행동, 고충, 니즈를 밝히는 게 전부라고 생각하는 경향이 있는데, 때로는 심성모델을 아는 게 UX 리서치의 목적인 경우도 많다. 사용자의 심성모델을 알게 되면 서비스의 큰 그림을 조율하고, 자원을 재분배하고, 구조를 변경할 수 있다. UXer들 사이에서도 심성모델의 중요성이 종종 잊히는 이유는 조사하기가 까다롭고 서로 다른 사용자의 경험을 하나의 모델로 일반화하기 어렵기 때문이다. 그러나 그것이 불가능하다는 얘기는 아니다.

공간

디지털 서비스는 사용자들의 머릿속에 하나의 독립된 공간으로 여겨진다. 문을 열고 들어서면 홈 화면이라는 넓은 거실이 있고, 그 안에는 여러 성격을 지닌 정보의 문이 기다

UX/UI 디자인 완벽 가이드: IA와 유저 플로우 편

리고 있다. 물건을 찾으려고 이 방, 저 방을 옮겨 다니듯이 정보를 찾기 위해 화면들을 돌아다니다 보면 처음으로 돌아가고 싶을 때도 있고 이전 위치로 가고 싶을 때도 있다. 이러한 물리적인 이동뿐만 아니라, 검색, 필터, 태그, 추천, 그 밖의 여러 연결 매개체를 통해 공간의 한계를 뛰어넘는 이동 또한 디지털 서비스에 존재한다.

연속적으로 이동할 경우의 맥락 유지

원하는 정보가 분명하며 순차적인 메뉴 탐색을 통해서 그것을 찾아가거나, 서비스가 주 노하는 업무(Task)를 요구대로 수행하는 경우에는 매우 단선적인 흐름이 나타난다. 경로가 정해져 있으며, 사용자도 어디서 끝날지 정도는 알고 있다. 막연한 게 있다면 현재 어디쯤 왔는가인데, 이를 알려주기 위해서 메뉴 경로(Location)나 진행 상태(Progress Indicator)를 화면 상단에 배치한다.

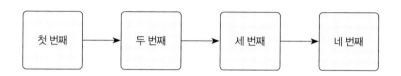

메뉴 경로와 진행 상태 바는 사용자에게 현재 위치를 상기시켜 준다

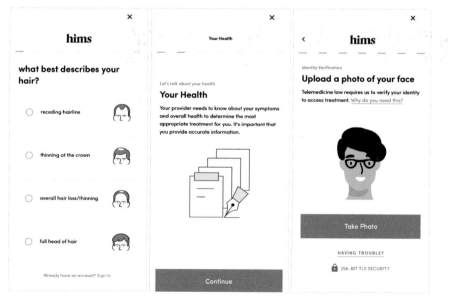

출처: him, From mobbin

129

검색-재검색-필터링이 반복되는 경우의 맥락 유지

검색으로 바로 원하는 결과를 찾는 경우도
있지만, 그렇지 못할 때 원하는 결과를 찾
을 때까지 재검색과 필터링을 반복하는 경우
다. 처음 입력한 검색어가 아닌 다른 검색어
로 변경하거나 검색 결과 화면에서 필터, 태

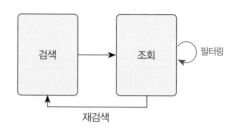

그, 정렬, 카테고리 선택을 번갈아 가면서 사용한다. 이때 맥락 유지는 단연코 검색어가
중심이 돼야 한다. 입력 또는 선택한 조건이 상단에서 확인 가능해야 하며, 필터나 정렬
을 했을 경우에는 그것도 같이 유지돼야 한다. 어떤 서비스는 사용자가 입력한 검색어,
선택한 필터나 정렬 방식이 표시되지 않아서 탐색 맥락을 유지하고 싶어 하는 사용자들
의 불만을 초래하기도 한다. 맥락을 유지하느냐 마느냐의 이슈는 다른 의견이 개입될 여
지가 극히 적으며, 서비스 콘셉트와도 전혀 관계가 없다. 다소 과격하게 들릴 수 있으나,
검색-재검색-필터링이 반복되는 경우에는 무조건 맥락이 유지돼야 한다.

검색 과정에서 변경되거나 변화된 조건을 계속해서 확인시켜 준다

출처: 쿠팡

추천에서의 맥락 유지

추천이 뜬금없이 여겨지지 않기 위해서는 추
천 결과 외에도 그 근거가 납득하기 쉽게 제시
돼야 한다. 가급적 사용자가 떠올리기 쉬운 최
근의 행동, 명확한 취향, 아이템 기반의 연관
도 등을 추천의 근거로 제시하는 게 좋다. 지

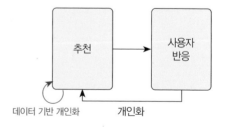

나치게 서술적인 근거는 '추천'이라는 본래의 목적에서 주의력을 분산시킬 수 있으므로 짧고 간단하게 제시하는 것이 좋다.

성별/나이 등의 일반적인 근거보다는 최근 행동, 취향, 아이템 연관도를 활용하는 것이
맥락 유지에 더 유리하다

출처: Tidal, Netflix, 네이버쇼핑

시간

공간보다는 시간이 더 복잡하다는 것은 UX/UI에서도 마찬가지다. 시간에 대한 맥락 유지는 많은 변수가 고려돼야 한다. 다만 시간과 관련한 맥락 유지는 탐색보다는 정보 그 자체와 관련된 경우가 많으므로 IA 외에 UI나 인터랙션과도 관련되어 있다는 점을 미리 주지하고 넘어가고자 한다.

시점 유지

과거, 현재, 미래에 해당하는 정보가 무작위로 나열되어 있다 보면 생각의 반경이 오락가락할 것이다. 따라서 정보를 제공할 때는 시점을 일정하게 유지 또는 통제할 필요가 있다. 현재의 정보 위주로 제공하되, 필요하면 과거나 미래의 정보를 '곁들여서' 볼 수 있는 식으로 말이다.

다음 구글 플라이트(Google Flights)는 검색 결과 화면에서는 현재 정보(가격 지표, 검색 결과) 위주로 제공하고, 미래 정보를 보고 싶을 경우에는 별도 화면을 통해서 볼 수 있게 했다.

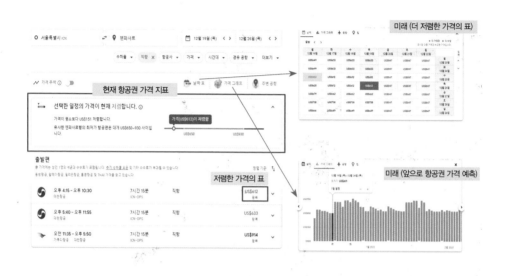

심성모형(Mental Model) 반영

특정 상품을 구경하던 사용자가 해당 상품의 가격 추이(과거)나 미래 가격 변동 예측 정보를 보고 싶다면 어떻게 해야 할까? 아예 과거의 정보만 모아서 보고 싶다면? 사용자들이 정보를 볼 때 어떤 순서로 그것을 소비하고자 하는지 알면 더 효과적으로 시점을 통제할 수 있다.

예를 들어, 정보 진입 후의 순차적인 흐름은 현재의 정보 → 과거의 추이 → 현재의 다른 대안 등의 순서로 반영하고, 사용자가 의도했을 때 스스로 과거나 미래의 정보로 이동할 수 있게 배치하는 식이다.

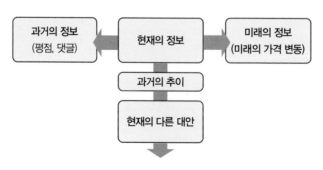

계속 강조하지만 우리가 만들어 내는 UX는 고객의 실제 경험이 반영돼야 한다. 이와 같은 가정이 실제 사용자의 심성모형과 맞아떨어졌을 때 좋은 UX라는 호평을 받게 되는 것이다. 다음은 위에서 언급했던 가정이 아마존 상품 정보에 실제 반영된 사례다. 디지털 서비스에서의 UX/UI를 기획할 때는 시점 통제를 통해서 맥락이 자연스럽게 연결되고 유지될 수 있게 해야 한다.

과거에서 현재까지의 '추이'	현재 더 저렴한 상품의 추천	과거의 어떤 사실 - 리뷰

출처: 아마존

시점 변경

생산성(Performance)이나 교통(Mobility), 건강(Healthcare) 관련 서비스는 시점을 자유롭게 변화시키는 것이 중요할 때가 있다. 서비스 이용 시 사용자의 심성모형이 시간에 맞춰져 있기 때문에 UX/UI도 이를 반영해야 하는 것이다.

시점 변화가 탐색의 중요한 축이 되는 UX/UI

출처: Trello, The Athletic, Zero, ESPN, From mobbin

앞의 첫 번째 예시는 일 단위로 시점을 변화시킬 수 있는 Trello의 내비게이션이다. 선택한 날짜에 따라 경험이 달라진다. 두 번째 운동팀의 스케줄/경기 결과를 보여주는 The Athletic은 일(day)이 아닌, 월(month) 단위로 시점이 변화한다. Trello에 비해 정보 단위가 더 크기 때문에 일/주 단위보다는 월 단위로 표시하는 게 맥락상 맞다. 사용자는 현재 월을 기준으로 시점 변경을 통해 각 운동팀의 스케줄을 보거나 경기 결과를 조회할 수 있다. 세 번째 Zero라는 헬스케어 서비스에서는 기간 내 운동량을 주/월/연 단위로 볼 수 있는 선택권을 사용자에게 제시한다. 이 경우에는 특정 시점을 선택하는 것보다는 기간 내 정보를 어떤 시간 단위로 볼 것인지를 선택하는 게 맥락에 부합하기 때문이다. 마지막 ESPN은 방송을 검색하는 데 현재 방영 중인 것(Live Now)을 볼지, 예정된 방송(Upcoming)을 볼지, 지난 방송(Replay)을 볼지 시점을 선택하게 함으로써 원하는 방송을 찾고자 하는 사용자의 탐색 맥락에 부합한다.

10

내비게이션

"최근 홈, 검색, 목록, 상세, 개인화 화면은 정보의 밀도가 높아지고 있으나,
활동과 관련된 화면은 반대로 밀도가 낮아지는 경향을 보인다.
가입, 신청 구매, 예약과 같은 화면은 이전에 비해 화면 개수가 더 늘어나고
한 화면에서의 사용자 행동이 더 단순해지고 있으며,
화면과 화면 간의 흐름(User Flow)이 UX 품질을 좌우한다."

모바일 내비게이션의 특징

내비게이션이란 디지털 서비스에서 사용자가 정보를 원활하게 탐색하고, 주요 위치로 빠르게 이동하기 위한 도구다. 더불어 현재 본인이 어디에 있는지를 확인하고, 이전 화면으로 돌아가거나 유사한 정보를 연속적으로 탐색하는 데 쓰이기도 한다.

PC는 메뉴와 내비게이션 간의 차이가 거의 없는 편이지만, 모바일에서는 큰 차이가 있다. 다시 말해 PC는 메뉴 구조를 내비게이션 UI로 변환하고 나면 딱히 할 게 없는데 비해, 모바일은 그렇지 않다는 얘기다. 전체 메뉴(Hamburger Menu) 외에 화면의 상/하단 영역이나 캐러셀(Carrousel), 큰 스와이프(Large Swipe), 백 키(Back Key) 등이 내비게이션 용도로 활용되기도 한다. 제한된 공간 내에서의 정보/화면 간 이동은 아무래도 한계가 있을 수밖에 없는데, 터치의 세밀함에 특화된 이동 방식이 점차 내비게이션 용도로 자리 잡아온 것이다.

기본적인 모바일 내비게이션 요소

결론적으로 PC와 달리 모바일 내비게이션은 UI 내에 들어가기도 하고 사용자의 조작(Interaction)에 많이 의존하기도 한다. 좋은 모바일 UX/UI를 설계하기 위해서는 이러한 모바일 내비게이션의 특징을 확실하게 이해하고 있어야 한다.

최근의 모바일 내비게이션 동향

앞에서 본 '기본적인 모바일 내비게이션 요소'를 보면 화면 상단은 가변적이고(1단~3단) 하단은 고정적인 것을 볼 수 있다. 햄버거 메뉴가 포함된 최상단을 톱 내비게이션(Top Navigation)이라고 부르는데, 최근에는 이 위치에 배치되던 메뉴나 검색이 하단으로 내려가는 경향을 보이고 있다. 모바일의 평균적인 크기가 6인치 이상으로 올라가면서 한 손 조작의 편의성을 고려하기 때문이다.

또 하나의 최근 동향은 메뉴와 검색이 각각 따로 존재하는 것이 아니라, 하나로 합쳐진 것이다. 전통적으로 메뉴와 검색은 그 역할(메뉴=순차적인 탐색, 검색=키워드/조건 탐색)이 명확했지만, 최근에는 둘의 경계를 허물고 하나의 장소에서 메뉴와 검색을 동시에 이용하면서 (여기에 태그까지 포함시켜) 탐색이라는 목적에 집중할 수 있게 한다.

최근 홈, 검색, 목록, 상세, 개인화 화면은 정보의 밀도가 높아지고 있으나, 활동과 관련된 화면은 반대로 밀도가 낮아지는 경향을 보인다. 가입, 신청 구매, 예약과 같은 화면은 이전에 비해 화면 개수가 더 늘어나고 한 화면에서의 사용자 행동이 더 단순해지고 있으며, 화면과 화면 간의 흐름(User Flow)이 UX 품질을 좌우한다. 이때 화면과 화면을 매끄럽게 연결하는 가교 역할로 내비게이션의 역할이 중요해지고 있다. 해당 화면에서 선택 가능한 메뉴나 현재 선택된 메뉴를 보여줌으로써 서비스 내에서의 현재 위치를 확인해줌과 동시에 다음 경로를 미리 생각해볼 수 있게 한다.

출처: Uber Eats, From mobbin

화면 간 흐름이 이어지면서 전개되는 에어비앤비에서의 탐색 경험

| 홈 화면 상단 검색 영역 터치 | 특정 지역 선택 | 선택한 지역 내 2차 분류 항목 선택 | 처음 선택한 지역조건이 결과 페이지 선택 항목으로 이어짐 |

출처: 에어비앤비

최근의 모바일 내비게이션은 '비체계적인 정보연결 매개체'와 '개인화된 메뉴/태그'를 많이 활용한다. 메뉴의 논리적 구조를 통해 주요 서비스로의 손쉬운 접근성을 상징하던 내비게이션의 역할이 이제는 달라지고 있는 것이다.

- 메뉴의 논리적 구조보다는 현재의 이용흐름에서 사용자의 맥락을 대변하는 것이 중요해졌다.

- 비체계적이더라도 사용자의 탐색 의두에 부합하고, 현재 정보에서 다른 정보로의 '정보 간 이동'을 원활하게 지원해야 한다.

- 일반적인 내비게이션보다는 사용자의 개인적인 특성과 의도를 반영하는 것이 중요해졌다.

- 1, 2depth까지만 내비게이션으로 표현하고, 그 하위 메뉴/정보에 대한 접근은 태그, 검색, 필터 등을 이용한다.

순차적인 메뉴 탐색(왼쪽)과 2depth 이후 유기적인 메뉴 탐색(오른쪽)

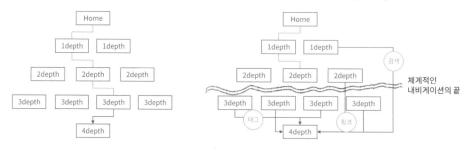

결국 점점 더 유기적인 탐색이 가능해지고, 개인화/맞춤화된 내비게이션이 증가하여 사용자가 서비스 구조를 이해해야 하는 부담이 줄어들고, 어떻게 하다 보니까(?) 정보를 찾게 하는 게 '최근 모바일 내비게이션 동향'의 가장 중요한 특징이라고 할 수 있다.

아기자기함의 예술, 모바일 내비게이션

모바일은 기기의 폭이 좁다 보니 내비게이션을 배치하는 게 여간 어려운 일이 아니다. 내비게이션이 본연의 역할을 하기 위해서는 눈에 잘 띄어야 하는데, 그럴 수 없는 경우가 종종 벌어진다. 예를 들어 현재 콘텐츠를 보여주는 데 집중하거나 사용자에게 많은 입력항목을 요청하는 경우라면 내비게이션을 감출 수밖에 없다. 그러나 스크롤이 위로 올라갈 때는 감춰놨던 내비게이션을 다시 보여준다거나 스크롤한 위치에 따라 내비게이션의 크기를 조정하는 등의 '묘'를 발휘할 수 있다. 스크롤을 위로 올린다는 것은 내용이 아니라 전체를 보겠다는 의도라고 볼 수 있기 때문이다.

모바일이 대세가 되면서 UX가 이전보다 더 발전하게 된 것은 이러한 세심함을 살리려는 노력, 아기자기함의 예술이 어쩔 수 없이 필요했기 때문이다. 모바일 UX는 참 재미있다.

상단 내비게이션

상단 내비게이션에는 위에서부터 순서대로 '톱 내비게이션', '카테고리 내비게이션', '필터 내비게이션'이 위치한다. '톱 내비게이션'은 모든 화면에 항상 배치되는 데 비해, 나머지 두 개는 화면에 따라 안 보일 때도 많고 기능상 딱히 구분하기 어려운 경우도 많다.

상단 내비게이션의 3가지 요소

카테고리 내비게이션 →
톱 내비게이션 ←
필터 내비게이션 ←

톱 내비게이션

'톱 내비게이션'에는 메뉴, 뒤로가기, 서비스 또는 화면 제목, 검색, 개인화 기능 등이 위치한다. 같은 앱이라도 안드로이드 운영체제와 iOS 운영체제에 따라 구성이 달라지고, 같은 운영체제 내에서도 화면 위치에 따라 구성이 달라지기 마련이다. 다음은 전형적인 '톱 내비게이션'의 여러 형태를 보여준다.

| 기본적인 톱 내비게이션 | 뒤로가기/버튼이 배치된 톱 내비게이션 | 뒤로가기/홈 버튼이 배치된 톱 내비게이션 |

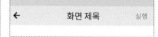

홈이나 목록 화면에서는 '톱 내비게이션' 왼쪽에 메뉴, 오른쪽에 검색/개인화/장바구니 등의 주요 기능이 위치하지만, 상세 화면에서는 왼쪽에 뒤로가기, 오른쪽에 주 활동 버튼이 위치한다(IOS의 경우).

안드로이드 운영체제는 뒤로가기 기능을 별도로 제공하므로 '톱 내비게이션'에 뒤로가기가 없는 경우가 많다.

오른쪽에 주 활동 버튼을 배치하는 것은 애플의 'iOS 가이드라인'이 보편화되면서 적용된 것인데, 화면 아래로 경험이 이어지다가 마지막 주 활동 버튼(때로는 취소 버튼)을 누르기 위해서 다시 위로 올라가야 하므로 좋은 UX라고 보기 어렵다.

톱 내비게이션 우측 실행 버튼에 따른 UX의 차이

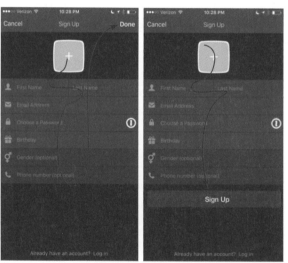

출처: Erik D. Kennedy

모바일은 기기 특성상 화면 내 스크롤이 자주 발생한다. PC에 비해 화면은 작지만, 조작(인터랙션)은 더 자유롭다는 특성을 이용해서 스크롤 이전과 이후에 '톱 내비게이션'의 크기를 확장/축소하는 경우가 많다.

스크롤에 따른 톱 내비게이션의 확장/축소

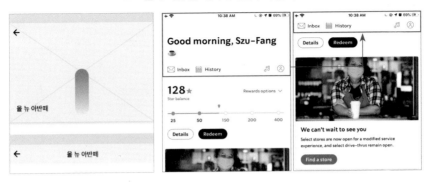

처음 화면에 진입할 때는 '톱 내비게이션'을 확장해서 제목, 주요 기능에 대한 주목도를 높였다가 아래로 스크롤해서 내려가면 내비게이션이 위로 밀려 올라가면서 아예 안 보이는 게 아니라 최소한의 크기로 축소되어 상단에 고정된다. 축소된 '톱 내비게이션'은 화면 하단으로 스크롤해서 내려갔을 때도 언제든지 활용할 수 있다.

카테고리 내비게이션

카테고리 내비게이션은 정형화된 쓰임새가 따로 정해지지 않았고, 그에 따라 유형도 제각각이며, 동일 업종이라고 할지라도 서비스마다 다르게 활용되는 경우가 많다. 보통은 주요 카테고리나 인기 메뉴를 노출하는 경우가 많으나, 설정한 채널/판매처/폴더가 배치되는 경우도 많다.

카테고리 내비게이션의 다양한 활용

출처: 배달의민족, 인스타그램, 네이버지도

카테고리 내비게이션 이용 시에는 화면 전체의 전환이 이뤄지는 방식과 톱 내비게이션은 그대로 유지한 상태에서 화면 하단만 선택한 메뉴로 변경되는 방식이 있다. 화면 전체가 전환되는 것과 화면 하단만 전환되는 것은 UX에 있어서 큰 차이가 있다.

카테고리 내비게이션을 탭처럼 활용하는 경우

출처: 롯데온

카테고리 내비게이션을 바로가기로 활용하는 경우

출처: 인터파크투어

위쪽 그림의 롯데온은 카테고리 내비게이션을 탭처럼 활용하면서 그 아래 화면만 선택한 메뉴에 맞게 변경되는 데 비해, 아래쪽의 인터파크 투어는 선택한 메뉴로 화면 전체가 변경되면서 이후부터는 카테고리 내비게이션을 이용할 수 없게 된다. 과연 어느 게 맞는 것일까?

롯데온은 메뉴 간 수평적인 이동이 탐색 흐름이 되기 때문에 카테고리 내비게이션이 상시로 노출되는 게 필요했지만, 인터파크 투어는 처음에 각 메뉴로 분기되는 역할만으로도 충분해서 이후부터는 굳이 따라다닐 필요가 없었다. 다시 말해 메뉴별 콘텐츠의 차이가 명확해서 선택 이후 완전히 다른 경험이 전개되는 경우에는 내비게이션은 처음 메뉴 분기 시에만 있어도 된다.

일관성이 떨어지는 카테고리 내비게이션은 사용자를 혼란에 빠뜨린다

출처: GS프레시몰

필터 내비게이션에는 메뉴보다는 태그나 정보 속성이 쓰이는 경우가 많다. 따라서 카테고리 내비게이션 하위에 존재하면서 먼저 메뉴를 선택하고, 그 메뉴에 대한 태그나 속성을 이어서 선택할 때 사용한다. 이런 보조적인 성격 때문에 검색 화면에서 종종 사용된다.

필터 내비게이션에 쓰이는 태그나 정보 속성

출처: Todoist, 삼성카드, ClassPass, From mobbin

하단 내비게이션

하단 내비게이션(Bottom Navigation)에는 서비스의 주요 메뉴가 상시로 노출된다. 예를 들어 홈, 검색, 카테고리, 개인화, 설정 등이 하단 내비게이션에 노출되는 단골 메뉴이며, 서비스에 따라 추가, 장바구니, 즐겨찾기 등이 위치하는 경우도 종종 찾아볼 수 있다. 상단 내비게이션이 필수적이고 쓰임새가 많은 데 비해 하단 내비게이션은 선택적이며 쓰임새도 정형화되어 있다(앞서 언급했던 주요 메뉴로 바로가기나 주요 기능의 손쉬운 접근성).

이처럼 하단 내비게이션은 빠른 접근성을 보장한다는 장점이 있는 반면, 좁은 모바일 화면이 상시로 점유된다는 단점도 있다. 그러나 모바일의 크기가 6인치 이상으로 커지면서 한 손 조작이 편리하다는 면에서 하단 내비게이션을 채택하는 비중이 압도적으로 높아지고 있다. 심지어는 상단에 위치하던 햄버거 메뉴나 검색 버튼이 하단 내비게이션으로 옮겨오는 경우도 늘어나고 있다.

한편으로 아래로 스크롤 시에는 하단 내비게이션을 감췄다가 멈추거나 위로 스크롤 시에만 노출하는 식으로 영역 점유에 대한 이슈를 해소하려는 UX/UI 디자인도 생겨났다.

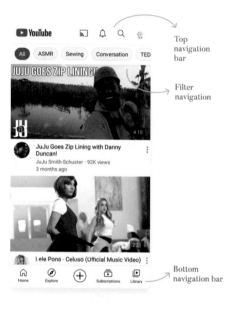

출처: Youtube

하단 내비게이션의 여러 가지 이름

회사나 사람에 따라서 하단 내비게이션을 부르는 여러 가지 이름이 있다. 어떤 사람은 '탭 바'라고 부르기도 하고, 어떤 사람은 '탭 메뉴', '탭 내비게이션'이라고 부르기도 하며, 심지어는 그냥 '메뉴'라고 부르는 UXer도 있다. 정확한 공식 명칭은 하단 내비게이션(Bottom Navigation)이다.

11

위치와 선택

"디지털 서비스는 화면 간 전환이 곧 이동을 뜻하기 때문에
사용자가 서비스의 어디에 있는지
알기 어려울 때가 많다.
PC는 스크린이 크기(특히 수평) 때문에
'이동 경로(Breadcrumb)'를 활용해서 사용자가 어떤 경로로 이동해 왔으며
현재 어디에 있는지 알려줄 수 있지만,
모바일은 '이동 경로'를 제대로 활용하기 어려울 때가 많다."

이동 경로
선택 가능한 메뉴
위치
독립 공간

이동 경로

내비게이션은 이동의 수단이 되는 것은 물론, 현재 위치를 알려주는 역할도 수행해야 한다. 디지털 서비스는 다양한 역할을 지닌 공간으로 구성되어 있어서 현재 위치를 알지 못할 경우, 난처함에 처할 여지가 크다. 실제 세상에서는 물리적인 이동이 벌어지기 때문에 뇌에 이동한 경로에 대한 잔상이 어느 정도 남아 있지만, 디지털 서비스는 화면 간 전환이 곧 이동을 뜻하기 때문에 어디에 있는지 알기 어려울 때가 많다.

PC는 스크린이 크기(특히 수평) 때문에 '이동 경로(Breadcrumb)'를 활용해서 사용자가 어떤 경로로 이동해 왔으며 현재 어디에 있는지 알려줄 수 있지만, 모바일은 '이동 경로'를 제대로 활용하기 어려울 때가 많다.

PC와 모바일에서의 이동 경로(Breadcrumb) 비교

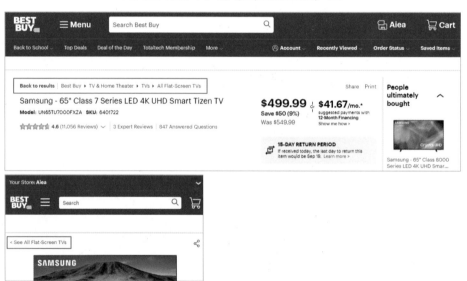

출처: 베스트바이

위 예시는 모바일 '이동 경로'의 한계를 잘 보여준다. PC에서는 전체 경로 표시가 가능하지만, 모바일은 폭(수평적 스크린 크기)이 좁다는 한계상 상위 경로만 제공한다. 이렇게 되면 이전 단계로의 이동은 가능하지만, 전체 경로를 확인하고 원하는 경로로 바로 이동(Jump)하는 것은 불가능하다. PC에서는 이전 단계 외에도 앞에서 거쳐 온 화면으로의

이동이 자유로운 반면, 모바일에서는 검색이나 내비게이션상 노출된 메뉴를 선택하지 않는 이상, 이전 단계로의 이동만 가능하다.

PC와 모바일에서의 이동 경로(Breadcrumb) 비교 – 이전 단계로 이동

출처: 베스트바이

모바일에서는 이동 경로의 단점을 (PC에 비해 상대적으로) '손쉬운 인터랙션'을 통해서 보완한다. '뒤로 가기'를 연속해서 누르거나 큰 스와이프(Large swipe)를 해서 이전 화면으로 손쉽게 이동하고, 화면의 밀도를 높여서 하나의 화면 내에서 (화면 이동 없이) 스크롤하면서 정보를 순차적으로 확인할 수 있게 하는 식이다. ('모바일=화면의 밀도가 높다'는 것은 주로 목록이나 조회 화면이 해당되며, 주 활동 과정상의 입력, 인증, 선택 화면은 오히려 밀도가 낮은 경우도 많다. 참고로 화면 밀도와 화면 개수는 서로 반비례한다.)

자이가르닉 효과(Zeigarnik Effect)

리투아니아의 심리학자인 블루마 자이가르닉(Bluma Zeigarnik)이 주장한 것으로, 사람들은 완료된 작업보다는 아직 완료되지 않거나 중단된 작업을 더 잘 기억한다는 것이다. 원하는 정보를 아직 찾지 못한 사용자들은 그것에 대해서 심리적 잔상이 남아있기 때문에 이동 경로나 선택 가능한 메뉴, 현재 위치를 알려주는 것이 중요할 수 있다.

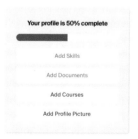 

출처: Tawnya

스타벅스 앱에서의 매장 선택 영역 위치 변경을 통한 UX 개선

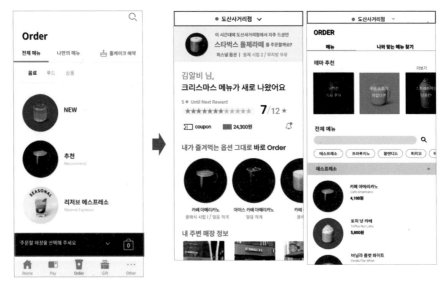

출처: 라이트브레인

위 예시는 스타벅스 앱에서 기존 매장 선택 영역이 하단에 있어서 겪던 불편함을 상단으로 이동함으로써 좀 더 직관적으로 주문하려는 매장 정보를 파악할 수 있게 한 것이다. 단지 위치만 변경했는데도 기본 UX가 개선됨은 물론, 다음에서 보는 것과 같이 주변 매장에 대한 유용한 정보(혼잡도, 예상 대기시간)까지 보여줄 수 있게 됐다.

선택 가능한 메뉴

앞에서 얘기한 모바일의 한계로 인해 현재 나타날 수 있는(possible) 메뉴를 있는 그대로 다 나타내는 것이 아니라 현재 선택 가능한(properly) 메뉴만 나타내는 것은 모바일 UX/UI에서 중요하다. 공간이 한정적이다 보니 어쩔 수 없이 '현재 나타날 수 있는 메뉴' 중 일부만 보여주는 것이다.

선택 가능하다는 의미는 현재 맥락상 사용자에게 유효적절함과 더불어 서비스 구조 측면에서도 타당하다는 것이다. 대부분의 경우 서비스주도권 측면에서 현재 시점에 의미 있는 메뉴를 노출한다. 다음 예시는 해당 시점에 의미 있는 유효적절한 메뉴를 보여주고 있다.

서비스주도권 측면에서 선택 가능한 메뉴 제시

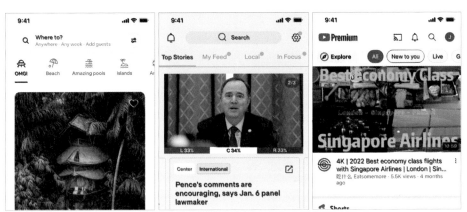

출처: 에어비앤비, Ground News, 유튜브, From mobbin

반면에 사용자들이 설정한 태그나 즐겨 찾기 한 콘텐츠의 메타데이터 또는 구독한 채널로부터 선택 가능한 메뉴를 제시하는 경우도 있다. 이와 같은 사용자주도권이 모바일에서 발전하게 된 계기는 앞서 언급한 한정된 자원과도 무관하지 않다. 한정된 공간을 최대한 효과적으로 사용하기 위해서는 서비스주도권만으로 힘들고, 그러다 보니 자연스럽게 사용자주도권, 그중에서도 개인화에 초점이 실릴 수밖에 없는 것이다.

사용자주도권 측면에서 선택 가능한 메뉴 제시

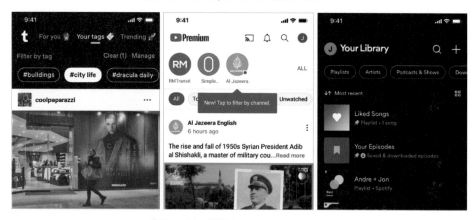

출처: tumbler, 유튜브, spotify, From mobbin

위치

이동 경로가 지금까지 거쳐온 과정을 말한다면 위치는 '말 그대로' 현재 어디에 있는가를 나타낸다. 디지털 서비스에서의 현재 위치는 이동 경로상의 특정 지점이자 현재 선택 가능한 메뉴 중 하나다. '이동 경로', '선택 가능한 메뉴', '위치', 이 셋은 상호 호환적이다. '위치'는 내가 어디에 있으며, 어떤 선택을 했는지(또는 아무것도 선택하지 않았는지)를 보여준다. 다음 예시는 그 3가지를 동시에 보여준다.

이동 경로, 선택 가능한 메뉴, 위치의 동시 노출

출처: ESPN

- **이동 경로**: Liverpool〉 Scores〉 MAR(3월)

- **선택 가능한 메뉴**: Scores가 아닌, News, Table, Stats 등. MAR가 아닌, FEB(2월), APR(4월)

- **위치**: 리버풀(Liverpool)이라는 팀의 3월(MAR) 경기 점수(Scores)

사실 정확한 이동 경로는 다음과 같다. '종목〉 축구(Soccer)〉 잉글랜드 프리미어리그(EPL)〉 Liverpool⋯'. 모바일의 한계상 앞부분이 생략됐지만, 탐색 맥락을 감안하면 누구나 위치를 파악하는 데 특별한 어려움은 없을 것이다.

또 다른 예시를 하나 더 살펴보자.

복잡한 위치 안내

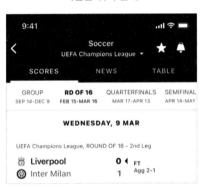

출처: ESPN

위에서 본 것과 동일한 서비스(ESPN, 미국의 스포츠 채널)인데, 앞의 예시보다 위치가 더 복잡하다. 사용자는 축구(Soccer)를 선택한 다음에 UEFA(리그명)를 선택했고, 점수(Scores)에 들어온 다음, 16강(RD of 16)을 선택했다. 결국 현재 사용자의 위치는 최근 열린 UEFA 리그의 16강 경기 점수 결과다. 상단 내비게이션이 다소 복잡하게 보일 수 있는데, '축구〉 UEFA〉 점수〉 16강'으로의 정보 위계가 분명하기 때문에 실제로는 그렇게 복잡하지 않다.

톱 내비게이션에서 종목 변경은 안 되지만, 리그는 변경 가능하게 한 점이 이채롭다. 축구(Soccer)를 보러 들어온 사용자가 다른 종목(예를 들어 야구)으로 이동하는 경우는 드물지만, UEFA 리그에서 다른 리그로는 갈 수 있기 때문에 그 여지를 열어놓은 것으로 여겨진다. 점수(Scores)를 보고자 할 때 날짜가 아닌 대진 일정별로 '선택 가능한 메뉴'를 배치한 것도 흥미롭다. 얼핏 보면 다소 복잡하게 여겨질 수 있으나, 해당 정보를 찾기 위해 들어온 사용자들에게는 그렇지 않을 것이다.

앞 장에서 봤던 '심성모형'이 이동 경로나 위치 설계에서도 중요하다. 사용자의 심성모형을 알고 있다면 설계는 어렵지 않다. 반대로 사용자의 심성모형을 모르는 상태에서 논리적인 분류와 위계만 가지고 설계하려고 했다면 사용자들은 곤란을 겪게 될 것이다.

조건 검색이나 필터 적용, 복수의 태그 선택일 경우에는 위치가 선택한 값에 의해 정해진다. 다음 그림의 첫 번째 치폴레(Chipotle) 예시는 주문하기에 앞서 픽업 장소, 시간, 금액이 상단에 표시된다. 가운데 에어비앤비 예시는 '시카고에서 1월 15~31일에 2명이 이용 가능한 숙박'을 검색한 결과를 보여준다. 이동 경로상으로는 단순한데(시카고에서의 검색 결과) 위치는 붙는 조건에 따라 복잡해질 수 있다. 오른쪽 우버이츠(Uber Eats)의 예시가 그러한 경우다. '지금 당장 주문 가능한 prince george's park 주변의, 가장 유명하면서 가격이 적당하고($$), 채식주의자들을 위한' 음식점을 검색한 결과를 보여준다.

조건 검색할 경우의 위치 표시

출처: Chipotle, 에어비앤비, 우버 이츠, From mobbin

사용자는 화살표나 × 버튼, 설정 버튼을 눌러서 선택한 조건을 변경할 수 있다. 이동 경로상 위치는 그대로인데, 보이는 콘텐츠상 위치는 변경한 조건에 따라 달라진다.

필터 내비게이션은 메뉴의 역할과 위치 안내 역할을 동시에 한다

출처: 토스뱅크, 뱅크샐러드

독립 공간

디지털 서비스에서는 주요 이동 경로상 한 발 떨어져 있어 선택 가능한 메뉴를 표시하지 않아도 되는 마치 섬(island)과 같이 독립된 공간이 존재한다. 이러한 '독립된 공간'은 그 성격과 역할이 너무나 분명하기 때문에 굳이 위치 표시를 신경 쓰지 않아도 된다.

- **인증**: 로그인, 회원가입, 타 계정 연동 등이 여기에 해당한다. 비교적 구분이 확실하고, 메뉴 위계상 위치를 특정하기도 애매하다.

- **개인화, 설정**: 개인화나 설정 또한 메뉴 위계에 존재한다고 보기 어렵기 때문에 별도의 독립된 공간으로 다루는 경우가 많다.

- **전체 메뉴(Sidebar)**: 전체 메뉴는 메뉴 자체를 선택하는 화면이기 때문에 단독으로 존재한다.

- **검색**: 검색은 그 중요성만큼 하나의 독립된 공간으로 보호(?)받는다.

- **기타**: 공지사항, 고객센터 등

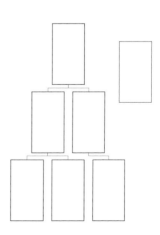

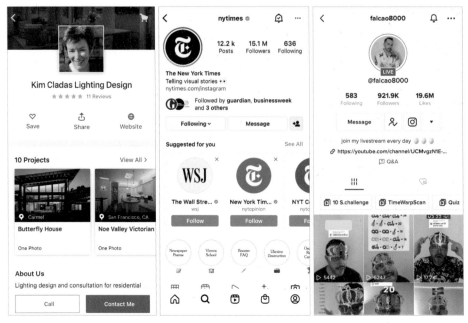

출처: Houzz, 인스타그램, 틱톡, From mobbin

독립된 공간은 홈이나 하단 내비게이션, 전체 메뉴 등을 통해서만 접근 가능하며, 다른 메뉴나 화면에서 이어지는 경우는 거의 없다. 독립된 공간에서는 선택 가능한 메뉴나 위치를 표시해야 하는 의무가 없으므로 상단 내비게이션이 필요 없어지고 UI 형태도 다른 화면과 많이 다르다.

12

—

부드러운 강요

"좋은 서비스가 되기 위해서는
사용자가 체감하는 UX와 서비스가 제공하는
종합적인 가치가 한데 어우러져야 한다.
앞서 언급한 대로 서비스의 특성, 사용자의 기대, 해당 시점에서의 맥락 등이 결합되어
때로는 사용자에게 자유를 주고, 때로는 부드럽게 강요(제한)하는 것이 필요하다.
사용자에게 무한한 자유를 주는 것이 좋은
UX라고 말하는 것은 탁상공론에 불과하다."

제한(Constraints)
단계
메뉴 간 이동
검색
인증

제한(Constraints)

디지털 서비스는 직원의 도움 없이 사용자 스스로 서비스에 접근하고, 정보를 탐색/조회한 다음, 활동해야 한다. 사용자가 서비스를 원활하게 이용하게 하기 위해 서비스는 간혹 '부드러운 강요'를 할 필요가 발생한다. 영업점에서 친절한 직원이 '저를 따라오세요', '체크 표시한 부분에 서명해주세요'라고 하는 것처럼 말이다.

커머스 서비스는 일반적으로 대 메뉴로 진입 시 그 하위 카테고리를 바로 보여주기보다는 신상품 (New), 인기 상품(Best), 추천상품(Featured), 이벤트 등을 먼저 보여준다.

오른쪽의 아디다스는 전형적으로 그러한 모습을 보여준다. 'MEN'이라는 대 메뉴 진입 시 New, Best가 먼저 나타나고 그다음에 주요 제품 라인업이 나열된다. 이것은 일반적인 오프라인 매장의 그것과 다르지 않다. 매장을 방문한 사용자들에게 처음부터 '알아서 상품을 탐색하세요'가 아닌, '일단 신상품과 인기 상품을 보여드리고 나서 혹시 찾으시는 상품이 있다면 차근차근 안내하겠습니다'라고 얘기하는 것과 마찬가지다.

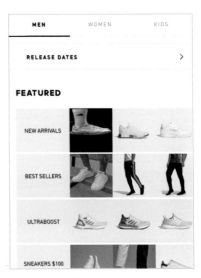

출처: 아디다스

사용자에게 무한한 자유를 준다는 것은 그들이 원하는 것을 더 찾기가 힘들고, 많은 갈등과 번뇌를 거쳐야 한다는 것을 의미할 때가 많다. 좋은 UX를 제공하기 위해서는 어느 정도 '제한'이 필요하다.

- '먼저 이 중에 하나를 선택해야만 다음으로 이동할 수 있어요.'
- '당신의 정보를 우선 알려주셔야 해요.'
- '제가 제시할 수 있는 선택지는 현재 시점에서 이것뿐이에요.'
- '이 중에서 이것이 제일 좋을 것 같은데요?'
- '일단 이것들을 먼저 보세요. 그다음에는 고객님 편하신 대로 둘러보시고요.'

아무런 제한 없이 할 수 있는 한 가장 많은 선택지를 제시하거나, 정보 입력이나 옵션 선택 없이도 다음 단계로 진행이 된다면 서비스는 이상한 길로 빠져버릴 수밖에 없다. 제한이라는 게 자유를 억압하는 게 아니라, 올바른 서비스 이용을 유도할 수 있는 긍정적인 의미로 작용하는 것이다.

다음의 왼쪽 예시는 숫자만 입력할 수 있는 상황에서 문자열이 포함된 키패드를 띄우고 있다. 이 경우에는 숫자 키패드로 '제한'하는 것이 UX 면에서 더 좋지 않았을까? 오른쪽 카카오뱅크 세이프박스는 입출금 통장의 출금 가능액 중 일부를 저장하는 서비스인데, 현재 출금 가능액 이상으로 설정돼서 불필요한 실수를 유발시키고 있다. 아예 보관 금액 설정 시점부터 출금 가능액 이상은 설정이 안 되도록 막았다면 훨씬 좋지 않았을까?

제한이 없는 서비스는 나쁜 UX를 만들어낸다

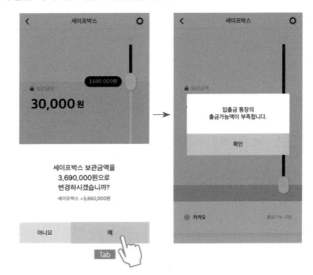

출처: 대한항공, 카카오뱅크

좋은 서비스가 되기 위해서는 사용자가 체감하는 UX와 서비스가 제공하는 종합적인 가치가 한데 어우러져야 한다. 앞서 언급한 대로 서비스의 특성, 사용자의 기대, 해당 시점에서의 맥락 등이 결합되어 때로는 사용자에게 자유를 주고, 때로는 부드럽게 강요(제한)하는 것이 필요하다. 사용자에게 무한한 자유를 주는 것이 좋은 UX라고 말하는 것은 탁상공론에 불과하다.

디자인의 어려운 관문 중 하나인 제한

처음 UX/UI를 배우는 사람이 제일 이해하기 어려운 게 제한(Constraints)의 존재다. 제한이라는 말이 갖는 부정적인 선입견 때문인지 몰라도 사용자 경험 디자인이라고 하면 보통 사용자들이 더 자유롭고 풍부하게 서비스를 이용할 수 있게 하는 게 아닌가 하고 반문할 때가 많다. 그러나 좋은 제한은 사용자의 불필요한 실수를 줄이고, 올바른 서비스주도권의 첨병이 되어 사용자가 나쁜 길(?)에 빠지지 않게 막아준다.

단계

원하는 결과를 얻기 위해서 사용자는 묵묵히 탐색을 이어가는 경우도 있지만, 서비스가 제시하는 방식대로 상호작용하는 경우도 흔하다. 서비스가 요청하는 선택/입력/동의 등을 순서대로 따라 하면 서비스 입장에서는 결과 제공에 필요한 선택, 입력, 인증 등을 사용자에게 요청한다. 이렇게 단계(Procedure)를 따르면서 진행돼야 하는 서비스에서는 어떤 항목을 요구하고, 어떤 순서대로 그것을 제시하고, 어떤 값으로 선택의 범위를 제한할 것인지가 무척 중요하다.

원하는 숙소를 찾기 위해서 장소, 날짜, 인원(어른, 아이, 유아, 반려동물까지)을 선택하게 한 제한

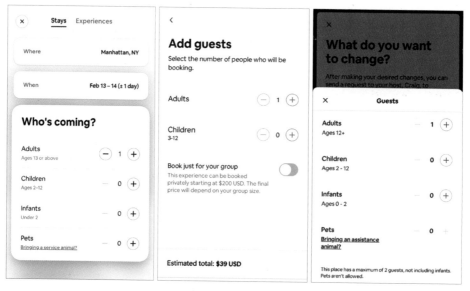

출처: 에어비앤비, From mobbin

위 에어비앤비의 예시는 원하는 숙소를 찾기 위해 진행해야 하는 단계들을 보여준다. 반드시 장소, 날짜, 인원 순으로 조건을 입력해야 하며, 인원은 어른, 아이, 유아, 반려동물 순서로 선택하도록 제한하고 있다. (어른 없이 아이, 유아, 반려동물만 선택하는 것은 불가능하다.)

대부분 숙박 예약 서비스는 날짜에 앞서 장소를 먼저 선택하도록 제한한다. 숙박의 특성상 날짜보다 '장소라는 조건'이 선행하기 때문이다. 다음의 스페인 국영 호텔 Parador 예약에서는 인원 선택이 제한되어 있다. 어른/아이를 떠나서 총 3명 이상이 묵고자 할 경우에는 한 개 이상의 룸을 선택해야만 한다.

출처: Parador

대부분의 숙박 예약 단계에서 적용되고 있는 제한은 다음과 같다.

- 장소〉 날짜〉 인원 선택 순서를 따라야 한다.
- 장소는 관광지와 비관광지에 따라 제공하는 세밀함이 달라진다(예: 명동 vs. 경상북도 군위).
- 날짜 선택 시 투숙 기간을 제한하는 경우도 있다.
- 인원에는 반드시 성인이 포함돼야 한다.
- 인원에 따라 룸이 증가할 수 있다.

일반적인 커머스에서도 제한은 쉽게 찾아볼 수 있다. 해당 상품의 구매/주문/가입 시 선택 가능한 옵션을 제시하고, 그것을 선택해야만 서비스 과정이 완료된다. 이때 사용자가 예상했던 옵션과 화면상의 옵션이 서로 다르거나 너무 까다롭게 옵션이 제시된다면 바람직한 UX라고 할 수 없을 것이다.

상품을 구매/주문/가입 시 옵션을 선택하게 한 제한

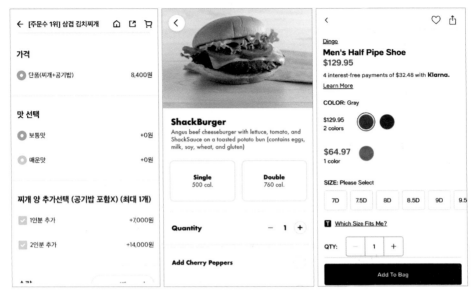

출처: 배달의민족, Shake Shack, Macy's, From mobbin

다음 예시는 주요 장보기 몰의 배송 시간 선택 화면 예시다. 이마트몰은 시간대를 선택할 수 있고, 네이버 장보기는 가장 빠른 배송 시간을 확인할 수 있으며, 쿠팡에서는 시간선택에 대한 제한이 없다. 그 날짜에 언제든지 배송받을 수 있다는 것은 정확히 언제 배송될지 예측할 수 없다는 뜻이기도 하다.

장보기몰에서의 배송날짜/시간 선택

출처: 이마트몰, 네이버 장보기, 쿠팡

메뉴 간 이동

다른 메뉴로 이동할 때는 현재 위치에 기반하여 이웃한 수평적인 메뉴나 상위 또는 하위 메뉴로 이동이 가능해야 한다. PC에서는 내비게이션을 항상 노출하여 메뉴 간 이동이 어렵지 않으나, 모바일은 제한된 화면 크기로 인해 불리한 면이 많다. 하단 탭 내비게이션은 그 기능적 역할상 메뉴 간 이동을 뒷받침하기에는 부적합하고, 상단 내비게이션은 메뉴 간 이동을 자유롭게 중계하기에는 크기가 제한적이다. 그래서 '이동 가능한 메뉴'나 '선택 경로'를 통해 이를 해소한다고 했는데, 서비스에 따라서는 다른 방식을 채택하는 경우도 있다.

상단 내비게이션을 활용한 복합적인 탐색

출처: Shopify, From mobbin

Shopify는 주문(Orders) 목록화면의 상단 내비게이션을 3단으로 구성하여 복합적인 탐색이 가능하게 했다. 사용자는 현재 자신이 주문(Orders)에 들어와 있다는 것을 확인할 수 있고(1단), 주문 내역을 카테고리(All, Closed, Open…)별로 접근할 수 있고(2단), 선택된 카테고리 내에서 특정 주문 건을 검색할 수 있다(3단). 사용자는 좋든 싫든 Shopify가 제한한 이 내비게이션 틀 안에서 본인의 주문 건을 탐색할 수 있다. 정보를 찾아가는 순서가 논리적으로 명확하고 일목요연하기 때문에 부드러우면서도 좋은 강요라고 보인다.

맥락은 유지되면서 활동만 분기되는 탐색

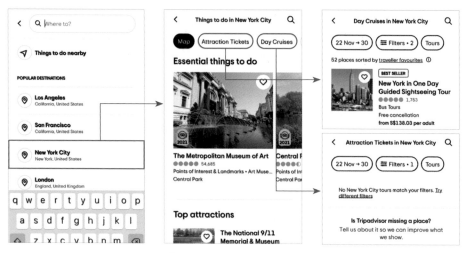

출처: Tripadvisor, From mobbin

트립어드바이저는 검색화면에서 주요 도시로 이동할 경우, 해당 도시에서 할 만한 것 (Things to do)으로 먼저 이동하고, 이 화면을 통해 놀이(Attraction)나 데이 크루즈(day cruise)로 이동한다. 도시를 선택한 다음 뭘 할 것이냐(찾느냐)를 물어보는 에어비앤비와 달리 트립어드바이저는 할 것들을 보여주고, 세부적인 카테고리를 제시한다. 여행 콘텐츠의 성격을 감안했을 때 이러한 점차적인 이동 방식은 괜찮은 선택으로 여겨진다.

사용자가 직접 정보 이동을 선택하는 에어비앤비 vs. 일단 중요한 것을 기본으로 보여주는 트립어드바이저

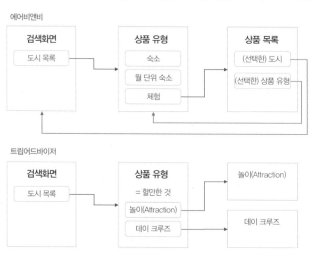

앞의 도식에서 보다시피 트립어드바이저는 에어비앤비보다 메뉴 간 이동에 대한 '부드러운 강요'가 더 높은 편이다. 가장 중요한 '할 만한 것(Things to do)'을 기본으로 보여주고, 그다음에 다른 부가적인 메뉴로의 이동을 유도한다.

검색

최근에는 검색에서도 부드러운 강요가 보편화되고 있다. 가장 대표적인 것은 별도 검색화면을 반드시 거치게 하는 것이다. '검색창을 탭 하면 키패드가 열려서 바로 검색어를 입력할 수 있다'라는 것이 전통적인 방식이었다면 최근에는 검색화면에서 한 번 더 탭을 해야 키패드가 열려서 검색할 수 있게 바뀌고 있다(검색화면으로의 전환과 키패드 열림이 동시에 일어나는 경우도 있다).

검색 과정의 변화

전통적인 방식의 검색 과정   최근 보편화되고 있는 검색 과정

출처: Lifesum, NeoFinancial, From mobbin

검색창을 탭 하는 사람들은 키워드 입력을 의도하기 때문에 이렇게 '한 단계를 더 거치게 하는' 방식은 자칫 불편하게 여겨질 수 있다. 그러나 입력할 키워드가 막연하거나 검색화면에서 제시되는 최근 검색어, 추천 태그, 추천 메뉴 등이 유용한 사람에게는 중간에 끼어든 '한 단계'가 오히려 유용할 수도 있다. 아울러 애초에 키워드 입력을 의도한 사람이라면 동일 위치에서 약간의 시차를 두고 탭을 한 번 더 하면 그만이기 때문에 실제 체감하는 '행동의 불편함'이 그렇게 크지 않다.

메뉴 및 검색 아이콘의 변화

검색이 하나의 기능이 아니라 탐색 전반을 대표하거나 메뉴(Category)와 검색(Search)
이 하나로 합쳐지게 되면서 아이콘도 변하고 있다. 그림에서 왼쪽의 이미지는 전형적인
메뉴와 검색 아이콘을 보여주는 반면, 오른쪽의 이미지는 최근 보편화되고 있는 '메뉴+
검색이 합쳐진 형태'와 아예 명칭 자체를 '탐색(Explore)'이라고 새롭게 정의한 아이콘
형태를 보여준다.

디지털 서비스에서 검색이 차지하는 비중은 어느 분야의 서비스에서나 높은 편이다. 디
지털 서비스가 성숙해져 감에 따라 검색을 하나의 기능으로 두기보다는 다른 여러 가지
탐색 도구들(메뉴, 필터, 태그, 추천)과 묶어서 제공하는 경향이 늘고 있다. 사용자의 일
차적인 의도('키워드를 입력해서 원하는 정보로 접근할 거야')만 반영하는 것이 아니라,
'부드러운 강요'를 통해서 서비스와 콘텐츠의 특징을 검색 과정에 반영하고 있으며, 좀
더 복합적인 탐색 도구로 변모해 가고 있다.

검색 화면에서 추가적인 정보 제공

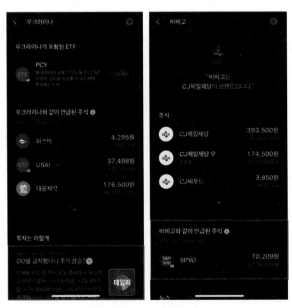

출처: 토스증권

토스증권을 보면 검색 화면에서 검색어에 관련된 주식 종목, 금융 상품, 기사 등을 제공하여 사용자가 검색 시 체감하는 유용성을 더 높여준다.

'부드러운 강요'는 서비스주도권의 핵심적인 내용이다. 단순히 서비스와 콘텐츠를 제공하는 것에서 그치지 않고, 자신만의 특징을 고객 경험에 반영하는 매우 지능적인 노력이라고 볼 수 있다. 물론 고객 경험을 잘 반영했을 경우에만 해당하겠지만...

인증

이동이 잦아지고 생활권역이 넓어지면서 사람들은 살던 마을만 벗어나도 자신을 증명해야 했다. 성문 앞, 행정관의 요구, 누군가와의 신용 거래를 하기 전에 자신이 어디에 속하며, 어느 신분제에 속하는지, 어떤 경로로 그곳에 왔는지를 증명하는 절차가 필요했다. 이렇게 자신을 증명하는 신분증은 디지털 서비스에 그대로 사용되기도 했으나, 모바일의 대중화와 더불어 휴대폰 본인인증과 서비스 내 계정 인증이 오프라인 인증 체계를 완전히 대체하고 있다. (그럼에도 불구하고 금융권 일부 업무에는 아직 '비대면 실명인증'이 존재한다.)

인증은 서비스 이용과 한 발 떨어져 있는, 귀찮고 번거로운 과정이다. 그러나 인증 없이 내 계좌 잔액과 카드 지출내역, 마일리지가 조회되고 사용되기까지 한다면 사용자들은 그 서비스에 대해 강한 의문을 제기할 것이다.

여러 가지 다양한 형태의 인증 방법들

출처: 국민카드, 리브

인증이 서비스 이용에 필요하다는 것을 인정한다고 해서 귀찮은 일이 줄어드는 것은 아니다. 서비스는 가장 간단한 인증 방법으로 이를 완화할 수 있다. 사용자가 특정 태스크 수행이나 개인화된 정보에 접근할 때 가장 간단한 방법(예: 저장된 인증 체계 연동)을 제시하거나 그것을 등록하도록 유도한다. 휴대폰 본인 인증 시에는 인증 문자 보내기와 같이 비교적 절차가 간편한 방법을 사용한다. 자동 로그인을 제시하거나 혹시 모를 2차 인증을 위해 미리 간편 비밀번호를 등록하도록 하는 것도 좋은 방안이 될 수 있다.

사용자 행동을 중심으로 인증 과정의 인지적 복잡성을 낮춘 사례

출처: 토스

사용자가 꼭 지켜야 할 비밀번호 규칙을 쉽게 인지할 수 있게 표시하거나 아이디 입력 시 등록 여부를 확인해주는 것도 인증에서의 부드러움을 높일 수 있는 좋은 방안이다.

비밀번호 규칙 안내, 아이디 확인

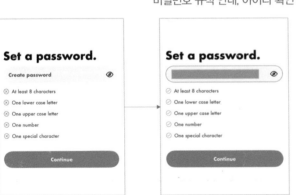 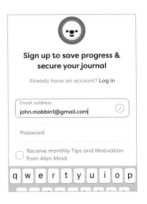

출처: Shake shack, Alan Mind, From mobbin

인증 시 간편함을 높이는 사례는 많지만, 오히려 제한 수위를 높이는 경우도 있다. 미국의 산탄데르 은행은 사용자 행위를 학습해서 '위험 기반 차등 인증'을 도입했다. 비밀번호 입력 시 보이는 사용자들의 고유 패턴을 학습했다가 이를 기반으로 해당 사용자의 인증을 처리한다. 비밀번호는 맞지만 평소 입력 패턴과 다를 경우에는 인증이 거부될 수도 있다.

가입 시 입력한 이메일이나 전화번호로 인증코드를 보낸 후 이를 입력하게 하는 것도 인증 시 제한 수위를 높이는 사례라고 할 수 있다.

이메일, 전화번호 인증코드 확인

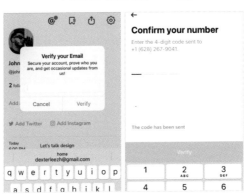

출처: Clubhouse, Allset, From mobbin

UX/UI
디자인
완벽 가이드:
IA와 유저 플로우 편

13

UX Writing

"UX Writing은 아직 초창기이기 때문에
그 일의 범위를 섣부르게 단정 짓기는 애매하다.
기존의 콘텐츠 기획, 가공, 레이블링(메뉴명 등의 언어적 체계를 수립하는 작업)까지도
UX Writing의 범주에 포함시키는 경우도 있다."

언어적 감성
UX Writer가 하는 일
좋은 UX Writing의 특징

언어적 감성

한때 우리는 디지털 서비스에서의 감성을 지나치게 시각적인 영역으로 제한할 때가 있었다. 그마저도 불완전하여 가장 눈에 띄는 캐릭터, 색상, 이미지, 타이포그래피 등이 감성 전달 매개체의 전부라고 여길 때가 있었다. 이러한 '착각'은 2010년대 중반, 조작-반응-움직임이 주는 일체화된 경험은 그 대상만의 고유한 감성을 전할 수 있다는 생각이 주류가 되면서 모바일 UX/UI 세계에서 점차 확장됐다. PC에 비해 모바일은 NUI(Natural User Interface)라고 불리는 자연스러운 조작의 비중이 높았고, 사용자들은 반응(feedback)에서도 그 조작에 어울리는 자연스러움을 요구했다. 모바일에서의 UX/UI는 더 동적인 경험을 중요시하게 됐고, 시각적 경험의 완성도는 이전보다 더 높아졌다.

2010년대 후반에 접어들면서 일련의 모바일 서비스들은 자신을 차별화하기 위해 시각적인 감성뿐만 아니라, 언어적인 측면에서도 타깃 사용자와 어울릴 만한 독특한 언어를 쓰기 시작한다.

초기에 등장했던 UX Writing 예시

출처: Lesley Vos, Usability Geek (오른쪽은 저자가 임의로 번역한 것임)

시작은 어려운 용어를 쉽게, 딱딱한 문어체보다는 일상적인 구어체를 사용하는 것에서 출발했다. 그러다가 해당 서비스만의 독특한 어휘와 개성, 위트 넘치는 표현, 중의적인 단어 사용을 통한 함축적인 의사 전달로 발전하기 시작했다. 여기에는 문학적인 작문 실력뿐만 아니라, 타깃 사용자와 공감할 수 있는 언어적 소통도 필요했다. 언어만큼 두 대상 간의 문화적 거리감을 드러내는 것도 없기 때문이다. UX를 알면서 독창적인 언어 표현을 만들어내는 일, 사람들은 그 일을 UX Writing이라고 부르기 시작했다.

구글 구인 광고 중 UX Writer에 대한 역할 설명

사용자 작업 완료에 도움을 주면서 유용하고 의미 있는 텍스트를 통해 더 좋은 경험을 형성시키는 구글 디자인의 변호인입니다. 콘텐츠에 대한 비전 설정과 여러 플랫폼 및 접점에서 응집력 있는 제품 설명을 하도록 돕습니다. 뛰어난 작가로서 전반적인 UX를 단순화하고 더 멋지게 콘텐츠를 보여주는 일을 수행합니다.

토스의 UX Writing

토스가 여러 면에서 디지털 서비스의 장점을 UX적으로 잘 살리고 있지만, 개인적으로 가장 잘하는 것을 하나만 꼽자면 'UX Writing'이라고 할 수 있다. 읽기 쉽고, 친근하고, 내용까지 잘 전달하고 있다. 타 서비스에서의 '이용 기한 3년'과 토스의 '한 번 만들면 3년 동안 쓸 수 있어요'를 비교해보라.

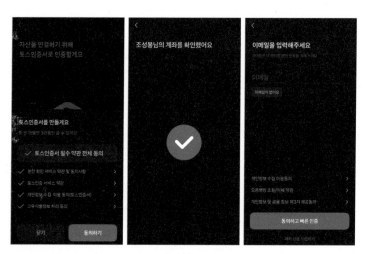

출처: 토스

UX Writer가 하는 일

UX Writing은 아직 초창기이기 때문에 그 일의 범위를 섣부르게 단정 짓기는 애매하다. 기존의 콘텐츠 기획, 가공, 레이블링(메뉴명 등의 언어적 체계를 수립하는 작업)까지도 UX Writing의 범주에 포함시키는 경우도 있다. 그러나 앞서 설명한 배경을 고려할 때 우리는 UX Writing에 요구되는 역할을 몇 가지로 제한해서 생각해볼 수 있다.

작문(writing)

흔히 작문(writing)이라고 하면 작가가 자신만의 이야기 또는 영감을 글로 표현하는 창작 행위를 의미하겠지만, UX writing은 완전한 창작이라기보다는 기존의 원문 콘텐츠를 사용자가 더 이해하기 쉽고 친근하게 느끼게 편집하는 작업에 가깝다. 따라서 작가의 상상력보다는 편집자의 정연함과 공감(Empathy) 능력이 중요하다.

언어적 통일감(Tone of Voice) 정의

우리는 라디오나 전화를 통해서 한 번도 대면한 적 없는 누군가의 성격과 특징(Characteristics)을 떠올리곤 한다. 말에는 전달하려는 내용(message)뿐만 아니라, 그 사람의 성격과 감정, 태도 등이 반영되기 때문이다. 디지털 서비스에서도 마찬가지다. 물론 디지털 서비스는 시각적으로 언어를 파악한다는 면에서 귀로 듣는 라디오처럼 억양, 성조, 리듬, 목소리 톤 등을 느낄 수는 없으나, 단어 선택이나 어법, 표현, 문장 구조, 운율, 음운 등에 따라서 매우 다른 효과를 낼 수 있다. UX Writer는 그 서비스만의 고유한 언어적 통일감을 구상할 수 있어야 한다.

사용자 조사 및 페르소나 수립

여타의 UXer와 마찬가지로 UX Writer도 사용자를 직접 조사할 필요가 있다. 서비스를 방문하는 사용자의 문화와 언어적 표현, 어법 등에 대해 충분하게 이해하고 있어야 하기 때문이다. 사용자에 대한 이해를 바탕으로 서비스의 페르소나 수립에도 관여해야 한다. 말은 기능적인 의미 전달뿐만 아니라, 감성적인 느낌도 전달되기 때문에 사용자들을 혼란에 빠뜨리지 않으려면 서비스의 성격, 단일한 인상을 만들기 위해 페르소나를 수립하는 게 필요하다(사용자가 아닌 서비스에 대한 페르소나).

서식 및 구조(Formatting and Structuring)

때로는 내용보다 형식이 의미 전달에 더 크게 기여할 때가 있다. 줄 바꿈, 문단 간격, 제목 계층, 글머리 기호 등이 그 대표적인 예시다. 더 나아가 강조, 요약, 부연 설명, 소제목, 목차 분리 등을 통해서 사용자가 더 빠르게 내용을 파악할 수 있게 도울 수 있다.

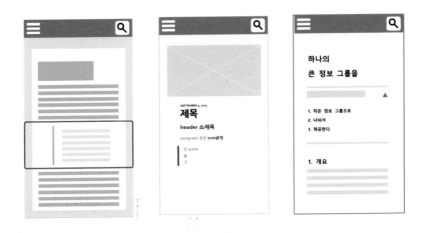

이용안내 및 입력 예시(Placeholder)

몇 번 강조했듯이 디지털 서비스는 옆에서 도와주는 사람이 없기 때문에 사용자가 곤란에 처했을 때 이를 도울 수 있는 수단을 항상 고민해야 한다. UX writer는 사용자가 해당 경험요소를 이해하는 데 충분한 설명을 제시하는 이용안내를 이해하기 쉽게 작성하거나 비교적 간단하면서도 서비스가 사용자에게 원하는 바를 명확하게 드러낼 수 있는 입력 예시를 작성하는 업무를 수행한다.

출처: 뉴닉, 에그

좋은 UX Writing의 특징

좋은 UX Writing은 앞서 얘기한 대로 사용자와 동화될 수 있어야 한다. 서비스마다 타 깃 사용자가 다르고, 전달하는 내용이 다르기 때문에 획일적으로 어떤 게 좋고, 어떤 게 나쁘다고 얘기하는 데는 한계가 있겠지만, 일반적으로 좋은 UX Writing이 갖는 특징은 다음과 같다.

스토리텔링

이야기는 가장 좋은 정보의 형태다. 우리 뇌는 이야기에 좀 더 친근함을 느끼고, 이야기 형태의 정보에 더 편하게 반응한다. 너무 길지 않게 주의하면서 서비스가 전달하려는 정 보를 사용자들의 일상 가운데서 흔히 접할 수 있는 이야기 형태로 만들면 높은 효과를 거둘 수 있다.

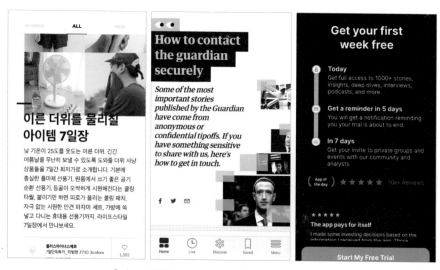

출처: 소소생활, The Guardian, Finimize, From mobbin

위트 섞인 표현

같은 말도 더 재밌게 표현하는 사람이 있듯이 디지털 서비스에서도 원래 전달하려던 정 보를 더 위트 있게, 그래서 더 재미있게 전달할 수 있다. 이렇게 위트 섞인 표현은 디지 털 서비스가 갖는 건조함, 딱딱함, 정적인 속성을 상당히 완화할 수 있다.

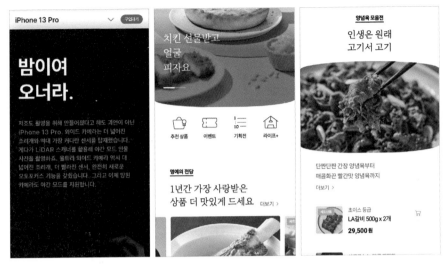

출처: 애플, 글라이드

운율, 리듬감을 살리는 표현

서비스 브랜드 이름과 결부하여 운율이나 리듬감을 살린 표현은 다소 억지스럽게 느껴
질 때도 있으나, 지나치지 않게 콘텐츠 사이 사이에 이를 섞어 넣으면 소박한 재미와 더
불어 서비스에 대한 기억을 더 오래 남길 수가 있다.

출처: 소소생활, 29cm

타깃 사용자들이 공감하는 언어 표현

사용자의 세대 특성과 더불어 그들이 서비스를 방문한 이유, 해당 서비스 또는 브랜드에 대해서 평소에 갖고 있는 태도 등을 반영한 표현은 사용자-서비스 간의 관계를 더 강화하는 효과를 낼 수 있다.

출처: 마이리얼트립, 배달의 민족, 애플

질문

때로는 백 마디 말보다 한마디 질문이 주의력을 더 끌어올리기도 한다.

출처: 삼성전자, 토스, 아이디어스, 신한은행

쉽게 연상할 수 있는 언어적 메타포

다음 그림에서 왼쪽의 브런치는 서랍, 서재라는 메타포를 통해서 무언가를 담고 볼 수 있다는 공간적인 연상을 불러일으킨다. 중앙의 뉴닉은 다양한 사람의 의견이 얹어진다는 의미를 '피자스테이션'으로, 오른쪽 배달의민족은 '봉다리'라는 메타포를 통해서 장바구니라는 용어를 대체하고 있다.

출처: 브런치, 뉴닉, 배달의 민족

캐나다의 핀테크 서비스, Neo Financial의 UX writing

온보딩 과정은 처음 서비스를 설치한 사용자들이 제일 먼저 서비스와 만나는 여정이기 때문에 매우 중요하다. Neo Financial의 온보딩은 서비스의 주요 특장점을 간결하게 전달한다는 면과 운율을 살려서 '읽는 맛'과 내용 전달을 동시에 살리고 있다.

출처: Neo Financial

UX/UI
디자인
완벽 가이드:
IA와 유저 플로우 편

14

검색 차별화

"최근 검색에서 서비스주도권이 강화되고 있는 이유는
이런 막막함 해소와 더불어, 그것이 서비스의 특징을 좀 더 반영할 수 있기 때문이다.
사용자가 서비스에 더 오래 체류하게 하기 위해서는
더 깊이 몰입시켜야 한다.
몰입하게 하기 위해서는 일단 사용자의 의도를 충분히 만족시켜야 한다.
서비스 진입 초기에 만족스러운 탐색 경험을 제공할 경우,
사용자는 그것을 계기로 더 다양한 의도를 표출할 수 있다."

검색 시점 서비스주도권 강화
서비스 특징 반영
AI를 활용한 검색

검색 시점 서비스주도권 강화

기본적으로 검색은 사용자주도권에 해당한다. 메뉴(Category)는 서비스가 제시하는 서비스의 구조를 사용자가 보고 확인하면서 원하는 정보를 찾아가는 과정이라고 한다면, 검색은 사용자 본인이 생각하는 조건이나 키워드를 직접 입력함으로써 원하는 결과를 찾기 때문에 사용자주도권이 상대적으로 높다. 그러나 최근에는 별도의 검색화면을 통해 검색어 개인화나 추천을 시도하기도 하고,

검색의 변화: 입력하기 전까지는
아무 일도 일어나지 않는다
→ 미리 예상되는 검색어나 태그를 제시한다

AI와 결합한 검색어 자동완성 기능을 통해 사용자의 의도를 선반영하고 있다.

다음 그림의 Drop이라는 서비스는 인기 검색어, 트렌딩, 추천(Featured) 등을, 교육 서비스인 Coursera는 주제, 인기, 학위 과정 등을, Gametime은 최근 검색어, 근처 스포츠팀, 근처 인기 경기 등을 검색화면에서 제시한다.

다양한 형태의 검색화면들

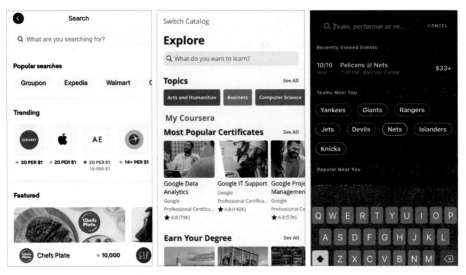

출처: Drop, Coursera, Gametime, From mobbin

검색은 정보를 찾기 시작하는 시점이기 때문에 여러 가지 경험요소가 함께 제시되면 도움이 되는 것이 사실이다. 그러나 어떤 경험요소가 '가장 도움이 될 것인가?'라는 질문에는 서비스의 성격과 더불어 역시 해당 서비스 내에서 사용자의 탐색 경험을 알아야 한다. 보통은 다음과 같은 경험요소가 자주 사용된다.

1. 검색어와 함께 사용되는 요소: 입력한 검색어와 더불어 검색 조건을 좀 더 명확하게 하는 역할을 한다. 태그, 카테고리(분야, 메뉴, 상품 유형), 유형(예: 동영상, 파일, 이미지) 등이 있다.

2. 검색어 입력을 대체하는 요소: 해당 요소를 선택하는 행동이 검색어 입력을 대체한다. 최근 검색어, 인기 검색어, 추천 검색어, 추천 태그 등이 있다.

3. 검색의 필요를 대체하는 요소: 검색 대신 다른 방식으로 정보를 탐색하게 한다. 추천 콘텐츠, 메뉴(Category) 등이 있다.

사용자들은 찾고자 하는 정보는 알고 있지만, 그 절차를 몰라 막막해할 때가 많다. 최근 들어 검색에서 서비스주도권이 강화되는 이유는 이런 막막함 해소와 더불어, 그것이 서비스의 특징을 좀 더 반영할 수 있기 때문이다. 사용자가 서비스에 더 오래 체류하게 하기 위해서는 더 깊이 몰입시켜야 한다. 몰입하게 하기 위해서는 일단 찾고자 하는 의도를 충분히 만족시켜야 한다. 서비스 진입 초기에 만족스러운 탐색 경험을 제공할 경우, 사용자는 그것을 계기로 더 다양한 의도를 표출할 수 있다.

오른쪽은 길 안내 서비스 'Transit'의 검색 화면이다. 검색어 입력 시에는 입력 행위에 집중할 수 있게 '검색어 추천' 외에 다른 기능은 제공하지 않는 게 일반적이지만, Transit은 밑으로 내려서(Pull) 입력한 검색어(목적지)를 초기화하는 'Pull to dismiss', 목적지를 직접 입력하는 대신에 지도에서 선택하는 'Choose on map', 현재 위치를 목적지로 지정하는 'Current location' 등을 제공한다. 교과서적으로 접근하면 Transit의 검색화면은 바람직하지 않은 면이 많다. 검색어 입력창과 추천 검색어 간의 간격이 지나치게 멀어지고, 한 화면에 노출되는 추천 검색어의 개수도 제한되기 때문

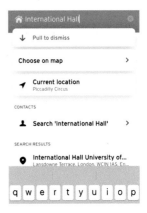

출처: Transit, From mobbin

이다. 하지만 틀리다고 단정 짓기에는 '입력 대체성'이라는 장점도 분명하다.

서비스 특징 반영

기본적으로 검색은 사용자의 의도 표현을 기다리는 과정이다. 따라서 '의도 파악 전에
서비스가 무언가를 제시한다면' 해당 서비스의 특징을 반영하는 게 당연히 효과적이다.
서비스 특징이 잘 반영된 '서비스주도권'은 그 시점에서의 경험을 더 풍부하게 만든다.
일반적으로 자주 사용되는 최근 검색어, 인기 검색어 등은 해당 서비스의 특징을 드러내
는 데 한계가 있다. 따라서 서비스 특징을 반영하기에 더 유리한 추천 검색어/태그/콘텐
츠나 태그, 카테고리, 유형 등을 활용한다.

서비스 특징이 반영된 검색화면

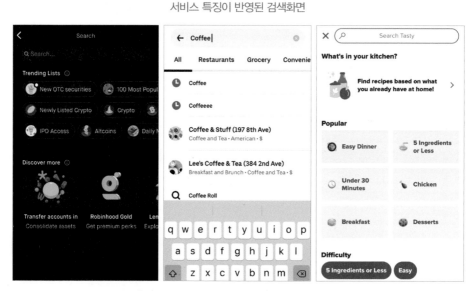

출처: Robinhood, Uber eats, Tasty, From mobbin

투자 서비스인 로빈훗(Robinhood)은 검색 시 추천 태그와 콘텐츠를 통해서 검색 대신
다른 방식으로 정보를 탐색할 수 있게 했다. 트렌딩 목록(Trending Lists)에는 인기 있는
태그가, 더 찾아보기(Discover more)에는 추천 콘텐츠가 노출된다. 우버이츠는 검색어
입력 시 카테고리별로 추천 검색어를 찾을 수 있어서 본인이 원하는 음식점 유형별로 결
과를 더 좁힐 수 있다. 테이스티(Tasty)는 집에 보관 중인 식재료를 찾아보는 '주방에는
무엇이?(What's in your kitchen?)'와 인기 태그(Popular), 어려운 도전과제(Difficulty)
를 함께 제공하여 검색하려는 시점의 사용자 탐색 의도를 다른 방식으로도 보완하고 있

다. 이렇게 서비스의 특징을 검색 시점에 반영하면 사용자들은 검색 화면에 대한 의존도가 높아지고 검색 화면에서 자연스럽게 정보 탐색을 시작하게 된다.

검색 시점뿐만 아니라, 검색 결과에도 해당 서비스만의 특징을 반영할 수 있다. 검색 결과 화면은 검색이 시작된 시점에서 일시적으로 분기점(hub) 역할을 할 때가 많다. 검색 결과 화면에서 필터나 태그를 선택해서 결과를 좁히기도 하고, 이미 입력한 검색어를 변경하거나 검색 조건을 다르게 하기도 한다.

월마트의 검색 결과 화면 예시

출처: Walmart, From mobbin

월마트의 검색 결과 화면은 매우 평범해 보인다. 그러나 상품이나 주문과 관련한 메타데이터 필터가 상세하게 구비되어 원하는 조건에 맞는 상품을 찾기가 수월하다. 예를 들어 배송일을 '언제나(Anytime)'가 아니라, '당일배송(Today)'으로 변경하거나 특정 성별이나 연령대에 맞는 상품으로 필터 조건을 지정할 수도 있다. 그 외에도 검색한 상품 유형에 따라 다양한 필터가 자동으로 뜬다. 검색 결과 화면을 중심으로 경험이 순환되는 것이다.

슬랙의 검색 결과 화면 예시

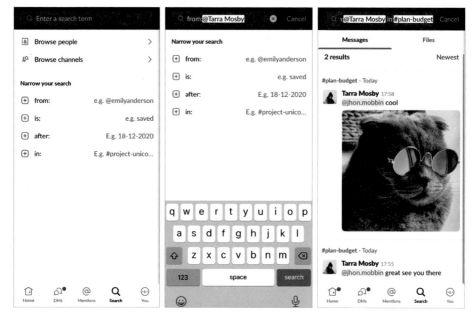

출처: Slack, From mobbin

위 예시는 업무용 커뮤니케이션 서비스인 '슬랙'의 검색 과정이다. '업무' 측면에서 오가는 커뮤니케이션은 일상적인 그것과는 많이 다를 수밖에 없는데, 슬랙은 상세 검색을 통해서 사용자가 정보를 찾고자 하는 의도를 반영했다.

- From: 누구로부터 받은 메시지를 찾을 때

- Is: 정보의 상태나 성격으로 찾을 때

- After: 시간을 제한해서 찾을 때

- In: 특정 대화방 내에서 정보를 찾을 때

위 네 가지 조건을 잘 활용하면 어떤 정보든지 쉽게 찾을 수 있다. 유사한 서비스인 '마이크로소프트 아웃룩'에서도 상세 검색을 제공하지만, 더 복잡하고 많은 행위를 요구하며, 심지어 결과도 부정확하다.

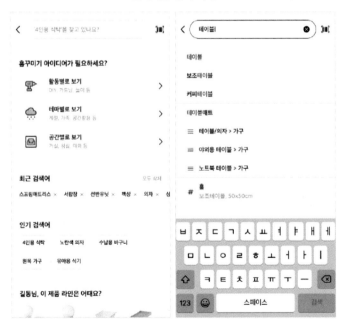

출처: 마이크로소프트 아웃룩

다음 예시는 이케아 앱에서의 검색 경험을 개선한 것이다. 다양한 상황/테마/공간별로 짧게 정보를 추천받을 수 있고, 최근 검색어, 인기 검색어, 제품 라인업 태그와 같은 검색 보조 도구도 이용할 수 있다. 또한 검색어 입력 시 자동 완성이나 카테고리 추천을 통해서 빠르게 원하는 결과로 이동할 수 있다.

검색화면 설계 예시

출처: 라이트브레인 UX아카데미 19기 '이케아'조

AI를 활용한 검색

AI는 이미 디지털 서비스 곳곳에서 폭넓게 활용되고 있다. 앞에서 살펴봤던 추천이나 정보 간 이동, 생체인증, 이미지인식, 자연어처리, 스팸필터, 성향파악 등 굉장히 폭넓게 AI가 활용되는데, 아주 오래전부터 AI가 활용되고 있던 분야 중 하나가 검색이다.

검색어 추천의 변천 과정

아직 AI가 도입되지 않은 검색엔진은 언어적인 형태의 유사성을 가지고 관련된 단어를 추천하거나, 거기에 더해 서비스에서 통계적으로 자주 사용되는 '인기 있는' 검색어를 추천했다. 그러다가 AI가 본격적으로 도입되면서 의미가 유사하거나 맥락이 연관된 검색어들을 추천할 수 있게 됐다. 예를 들어 주식 종목을 검색할 때 'BTS'라고 입력하면 '하이브'라는 종목이, '반도체'라고 치면 '삼성전자'나 'SK하이닉스'가 추천되는 식이다.

최근에는 여기에 개인화까지 결합되어 '검색하는 사용자의 관심사'를 반영한 검색어들이 추천된다. 예를 들어 똑같이 '스틱'이라고 검색어를 입력하더라도, 등산에 관심 있는 사람에게는 등산 스틱이, 요리에 관심 있는 사람에게는 요리용 젓가락이 먼저 추천되는 식이다. 말(검색어)이 중의적인 성격을 띨 경우에는 사용자의 개인적인 성향을 파악해서 그 의도를 미뤄 짐작하는 것이다. 물론 해당 서비스를 처음 방문하는 사용자에게는 아직 그들의 성향을 서비스가 모르기 때문에 이러한 방식이 불가능할 수도 있다.

검색어 추천은 검색 상자뿐만 아니라 그 하단을 통해서도 가능하다. 검색어 입력 전에는 일반적인 추천 검색어, 최근 검색어가 뜨다가 검색어 입력시 관련된 추천 검색어나 태그를 제시하는 식이다.

서비스 특징을 반영한 검색화면 설계 예시

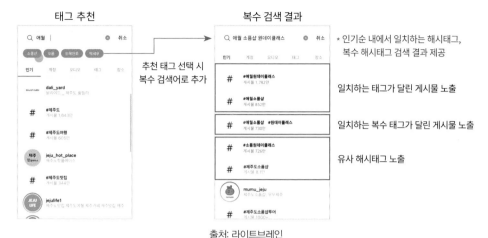

출처: 라이트브레인

위 화면은 인스타그램 검색화면에 대한 설계 예시다. 사용자가 '애월'이라고 입력하자, 검색창 아래에 애월과 관련된 태그들이 추천된다. 추천 태그 선택 시 이미 입력한 검색어에 더해서 복수 검색이 진행된다. 검색 결과에는 일치하는 태그가 달린 게시물이나 복수 태그가 달린 게시물과 더불어 유사 해시태그도 노출하여 사용자의 탐색 경험을 더 풍부하게 이끈다.

네이버쇼핑은 최근 들어 AI를 활발하게 활용하고 있다. 네이버쇼핑이 검색 과정에서 어떻게 AI를 반영하고 있는지 살펴보자.

네이버쇼핑에서의 AI 활용 예시

출처: 네이버

1. 검색어 입력 시점에서 의미가 유사한 검색어를 추천해준다.

2. 검색 결과 화면에서 검색어와 연관된 다른 검색어들을 제시하여 검색이 더 폭넓게 확장될 수 있다. 또한 검색어와 관련된 맞춤 필터를 제공하여 좀 더 정교하게 결과를 좁힐 수 있다.

3. 검색어와 관련된 특징적인 태그(Curation Tag)를 제공하여 필터와는 다른 관점에서 원하는 정보로 이동할 수 있다.

4. For you를 통해 자주 방문한 쇼핑몰로 이동할 수 있다. 특정 쇼핑몰을 선택하면 이미 입력한 검색어(예시에서는 '등산화')에 대해 해당 쇼핑몰의 제품 목록으로 이동할 수 있다.

AI의 본격적인 활용과 더불어 UX 품질에 대한 기준도 달라지고 있다. 이전까지는 주어진 재료(Content)를 얼마나 잘 구성하여 배치하고, 사용자가 선호하는 형태로 표현하고, 상호작용(Interaction)할 수 있게 했느냐가 중요했다면 이제는 '얼마나 사용자의 의도를 잘 뒷받침하는가?', '의도했던 것 이상으로 선택지를 제시하고 취향을 반영했느냐?'가 중요한 판단 기준이 되고 있다. 검색에서도 단순히 기능이 잘 작동하고 결과를 정확하게 보여주느냐 하는 것만으로는 좋은 UX라고 부르기 어려워지고 있다.

AI 공부와 AI UX

마치 AI가 뭐든지 다 해줄 것 같이 말하는 사람들이 가끔 있다. AI가 제 역할을 하려면 둘 중 하나가 전제돼야 한다. 의미연결망(Semantic web)과 같은 명확한 상징체계를 마련해 놓거나 해당 경험에 부합하는 데이터세트(Dataset)를 준비하는 것이다. AI는 블랙박스가 아니다. 이제 UXer들도 그 작동 방식을 알 필요가 있다. 기술적인 부분에 문외한인 사람이라고 하더라도 AI에 대해서는 이해하지 않으면 안 되는 시대가 되었다. 직접 알고리즘을 코딩하고, 데이터를 학습시키는 것까지 알 필요는 없지만, 그것이 어떻게 작동되는지는 적어도 알고 있어야 한다.

15

조건 검색

"조건 검색에서의 UX는
상품 유형이 단일인지 다양한지와 조건이 얼마나 많고 복잡한지에 따라서 달라진다.
(중략)
조건 검색은 서비스주도권이 매우 높은 편이지만,
일부 서비스는 복잡성을 의도적으로 낮추고
느긋하게 시작하면서 사용자에게 주도권을 주는 경우도 있다."

&(and)의 세계
느긋하게 시작
처음부터 집중
상품 유형별 진행

&(and)의 세계

어떤 서비스는 처음부터 사용자의
방문 목적을 여러 가지 조건으로
파악해야지만 서비스가 시작된다.
조건이 필요 없다면 메뉴, 검색, 추
천 중 어떤 것을 선택해도 가능하
지만, 조건이 여러 가지일 경우에
는 그 모두를 알기 전까지는 서비
스 제공이 어려울 수도 있다.

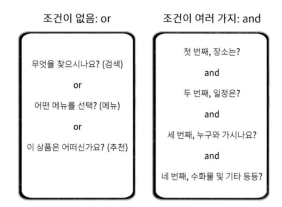

물론 여러 가지 조건이 요구된다고 해서 처음부터 꼭 그것을 다 요청할 필요는 없다. 메
뉴나 검색에서 시작한 이용흐름이 차츰 진행되면서 조건들을 하나씩 파악하는 것도 가
능하기 때문이다.

트립닷컴에서 호텔을 예약하는 두 가지 이용흐름

출처: 트립닷컴

위 예시는 트립닷컴에서 호텔을 예약하는 두 가지 이용흐름을 보여준다. 첫 번째는 홈
화면에서 '런던'이라는 도시를 검색하고, 도시 화면에서 호텔을 선택한 후 일정/인원 등

을 입력하는 이용흐름이다. 두 번째는 홈 화면에서 '호텔'이라는 상품 유형을 선택하고, 호텔 화면에서 도시/일정/인원 등을 입력하는 이용흐름이다. 트립닷컴은 호텔 외에 항공권이나 여행상품도 함께 판매하기 때문에 검색에서 시작하는 이용흐름과 상품유형 선택에서 시작하는 이용흐름이 별개로 존재할 수밖에 없다. 그런데도 결과적으로는 도시/일정/인원이라는 필수 조건이 and로 묶여야만 서비스 제공이 가능하다. 매끄러운 이용흐름 설계에 주안점을 두더라도 그 과정에서 필수 조건을 빠뜨려서는 안 되는 것이다.

조건 검색 시에는 사용자가 입력/선택하는 행위가 필연적으로 존재할 수밖에 없는데, 이를 줄여서 '행위 측면에서의 UX 만족도'를 높이려는 시도를 찾아볼 수 있다. 특히 모바일에서는 GPS를 활용해서 장소를 입력하지 않더라도 현재 위치로 기본으로 제시하는 경우가 많다. '현재 위치 인근의 오늘, 2인, 1박 숙소', 이전에 검색했던 '인천발-싱가포르행 11/12~11/19 항공편' 등과 같이 기본값(Good default)을 미리 지정해 놓고 사용자가 다른 선택을 하고 싶으면 기본값을 수정하는 식이다.

기본값(Good default)을 미리 지정해 놓고 사용자 선택을 기다리는 예시들

출처: Omio, DB Navigator, 네이버지도, 모두의주차장

왼쪽의 Omio나 DB Navigator에 보이는 입력 조건은 이전에 검색했던 것을 다시 보여주는 것이다. 네이버지도는 출발지를 '현재 위치'로 기본 설정하고, 도착지만 물어본다. 자주 가는 장소나 최근에 검색했던 장소가 함께 나타나기 때문에 그중 하나를 선택하면 도착지 입력을 대신할 수 있다. 모두의 주차장은 현재 위치 주변의 주차장을 지도상에 미리 보여준다. 현재 위치가 아닌 다른 장소를 원한다면 검색해야 한다.

조건 검색에는 다음과 같은 3가지 유형이 있다.

1 느긋하게 시작	2 처음부터 집중	3 상품 유형별 진행
• 기본 조건 2~3개를 순차적 입력 • 또는 서비스 이용방식을 먼저 선택 • 요구되는 조건이 많지 않음 • 입력한 조건을 빈번하게 수정 가능	• 처음부터 모든 조건 입력 • 처음부터 집중하는 방식 • 단일상품이나, 요구 조건이 많고 복잡 • 상세 옵션 선택(필터링)이 중요	• 상품 유형 선택 • 해당 상품에 맞는 조건 입력 • 이용흐름에 따라서 방식에 차이 • 다른 연관 상품 추천 가능

단일 ——————————————————————————————— 다양

조건 검색에서의 UX는 상품 유형이 단일인지 다양한지와 조건이 얼마나 많고 복잡한지에 따라 달라진다. 앞에서 살펴본 트립닷컴은 이 그림의 3번에 해당한다. 조건 검색은 서비스주도권이 매우 높은 편이지만, 일부 서비스는 복잡성을 의도적으로 낮추고 느긋하게 시작하면서 사용자에게 주도권을 주기도 한다. 다음 예시는 앞에서 설명한 기준에 따라 1번부터 3번까지 나열한 것들이다.

조건 검색 분류에 따른 예시들

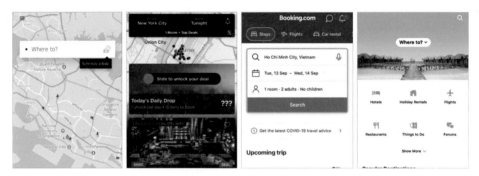

출처: Uber, HotelTonight, Booking.com, Tripadvisor, From mobbin

느긋하게 시작

'2장 IA 콘셉트, 탐색 경로(funnel) 결정'에서 얘기했던 요구 조건들을 하나씩 입력하면서 느긋하게 시작하는 방식이다. 조건 검색에 필요한 필수 사항을 처음부터 모두 입력하라고 요청하기보다는 가장 중요한 2~3개를 순서대로 물어보고 결과 화면에서 보다 상세한 조건, 사용자의 개인적인 고려사항, 취향 등을 밝히는 방식이다.

탐색 경로를 느긋하게 설정한 서비스는 처음부터 필요한 조건을 한 번에 요청하지 않는다. 점차 물어보면서 마지막 결과 화면에서 선택한 조건들과 그에 따른 결과를 한 번에 보여준다.

| 숙소 예약 첫 화면 | 장소 | 일정 | 결과 (&상세 필터) |

출처: 트리플

트리플은 '장소〉 일정〉 결과' 순으로 느긋하게 조건 검색이 진행된다. 인원이나 숙소 유형, 기타 상세한 숙박 조건 등은 마지막 결과 화면에서 필터를 통해 설정할 수 있다. 느긋한 탐색 경로는 지나치게 느슨해질(loose) 수 있으므로, 숙소 예약 시 가장 기본 조건인 장소와 일정만 가지고 일단 결과를 보여준 다음, 다른 조건은 사용자 의도에 따라 설정할 수 있게 한 것이다.

'느긋하게 시작'하는 탐색 경로는 '처음부터 집중'하는 방식과 비교해 어떤 장점이 있을까? 각 조건에 해당하는 화면에서 사용자의 입력/선택을 기다리는 것 외에도 서비스주도권을 발휘하여 해당 맥락에 맞는 옵션, 추천, 프로모션, 개인화 등이 가능하다.

장소(Where to?) 선택 화면에서 여러 가지 옵션을 제시하는 에어비앤비 예시

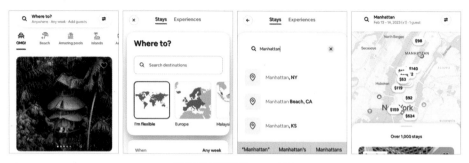

출처: 에어비앤비, From mobbin

에어비앤비는 장소(Where to?) 선택 화면에서 장소 입력에 앞서 '어디든 좋아(I'm flexible)'나 대륙 선택이라는 옵션을 제시한다. 어디든 가고 싶지만 딱히 구체적인 목적지를 정하지 않은 사용자에게 유용한 기능이다. 이러한 기능은 '처음부터 집중'하는 방식에서도 적용하는 게 가능하지만, 여러 가지 제한으로 인해 '느긋하게 시작'하는 방식에 비해서는 효과가 떨어진다. 특히 추천이나 프로모션 안내는 제공하기 어렵다.

쏘카는 처음에 서비스 이용방식을 묻고, 사용자가 어떤 방식을 선택했는지에 따라서 이용흐름이 달라진다. '가지러 가기' 선택 시에는 지도를, '여기로 부르기' 선택 시에는 장소/시간 조건 입력을, '한 달 이상' 선택 시에는 차종 선택을 요구한다. 다른 서비스는 고객이 렌터카 사무소에 와서 차를 가져가는 것이 '당연'하기 때문에 처음에 모든 조건(기간/시간, 대여/반납장소, 보험 유형, 차종)을 입력하지만, 쏘카는 자신만의 차별화된 서비스가 있기 때문에 서비스 이용방식을 먼저 선택하게 했다. (그러나 렌터카 대여 시 필요한 조건은 순서만 다를 뿐이지 결국 입력할 수밖에 없다.)

서비스 이용방식 선택 후 조건검색이 시작되는 쏘카 예시

출처: 쏘카

처음부터 집중

조건 검색에 필요한 필수 사항을 처음부터 모두 입력하라고 요청한다. 목적의식이 강한 경험에서는 사용자 스스로가 해당 서비스 이용에 필요한 조건을 미리 생각하고 진입하는 경우가 대부분이므로 서비스에 진입하자마자 어떤 조건으로 정보를 찾을지 물어보는 것은 자연스러운 일이다. 다만 여러 조건이 한군데에 모여 있다고 해서 실제 사용자가 입력하는 행위가 줄어들지는 않는다.

스카이스캐너의 항공편 검색 예시

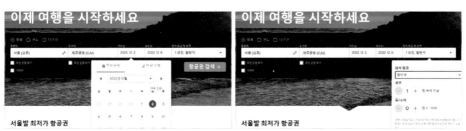

출처: 스카이스캐너

사용자가 예상했던 필요 조건이 한눈에 보인다는 심리적인 안정감은 있으나, 화면 내 인터랙션 밀도가 높아질 수밖에 없기 때문에 '느긋하게 시작'하는 방식보다 행위가 단축되는 효과는 거의 없다. 어차피 장소를 검색하고, 일정 선택을 위해 캘린더를 불러오고 좌석 등급과 인원을 선택하는 UI가 필요하다. 그것을 화면 단위로 분리하든 한 화면에서 풀다운(pull down) 방식으로 열리게 하든 사용자 행위는 거의 변하지 않는다. 그러나 여러 가지를 동시에 고려하면서 각 조건 간의 관계를 고민할 때는 '처음부터 집중'하는 방식이 절대적으로 유리하다. 가령 일정—장소를 번갈아 가면서 고려하거나 탑승인원—좌석등급을 함께 고민하는 경우에는 각 조건이 한 번에 보여야 하기 때문이다.

모바일은 PC보다 화면 폭이 작기 때문에 풀다운 방식으로 숨겨진 UI(Hidden Interface)를 호출하는 게 어렵다. 따라서 아예 별도 화면으로 처리하거나 팝업창이나 보텀시트(Bottom sheet)를 통해서 처리하는 경우가 많은데, 이것은 '처음부터 집중'하는 조건 검색에 매우 불리하다. 필요 조건들이 한 눈에 보이지만, 실제 입력/선택하는 과정에서는 여러 화면들을 오갈 수밖에 없기 때문이다.

대한항공에서의 항공편 검색 예시

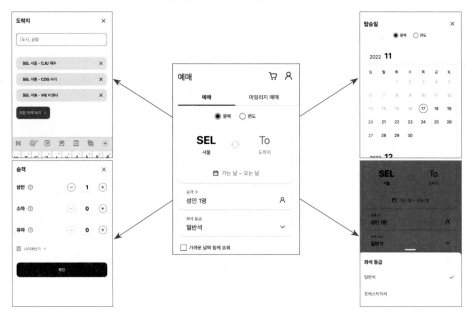

출처: 대한항공

대한항공 항공편 검색 예시를 보면 한 화면에서 모든 게 진행되는 게 아니라, 필요 조건마다 별도의 화면으로 이동해서 입력이나 선택 과정을 거쳐야 한다. 이러한 화면 이동 방식을 Hub&Spoke라고 부르는데, 예시로 든 대한항공 앱뿐만 아니라 대부분 모바일 조건 검색이 이런 방식으로 진행된다.

'처음부터 집중'하는 조건 검색에서는 상세 옵션 선택을 처음에 제시하는 게 더 일반적이다. '느긋하게 시작'하는 방식처럼 결과 화면에서 상세 옵션을 제공하기도 하지만, 처음부터 상세 옵션도 설정할 수 있게 해서 사용자의 정확한 의도를 결과에 반영한다.

독일의 국영 열차 서비스인 DB Navigator는 장소, 일정 외에 인원이나 좌석 등급을 선택하는 화면에서 열차 이용에 필요한 상세 옵션도 설정할 수 있다. (PC에 비해 모바일에서 제공하는 옵션은 제한적이다.)

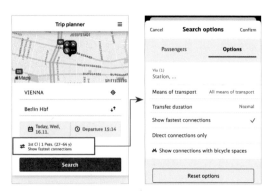

출처: DB Navigator

'처음부터 집중하는' 조건 검색은 필수 조건을 몇 개로 한정하느냐가 중요하다. 필수 조건과 옵션(선택 조건)을 구분하고, 각 조건을 어떤 순서대로 배치할 것인지, 각 조건을 어떤 방식으로 입력/선택하게 할 것인지 등을 고민해야 한다. 단순하게 생각하면 비슷한 경쟁 서비스가 제공하는 방식을 그대로 제공해도 UX적으로 큰 문제는 없다. 보편적인 것은 익숙하기 때문이다. 그러나 해당 서비스만의 특색을 살린 조건 검색을 제공한다면 사용자들에게 큰 환호를 받을 것이다. 이 점에서 글쓴이의 이전 책(≪이것이 UX/UI 디자인이다≫)에서 소개한 TodayTix를 다시 소개한다.

서비스에 특화된 조건 검색 설계

TodayTix 앱은 검색창 하단에 드로어패널(drawer panel) 형태의 필터를 제공해 공연을 날짜, 장소, 유형별로 실시간 검색할 수 있게 했다. 지나친 복잡성을 피하기 위해 날짜별 시간대를 구체적으로 정하지 않고 낮과 밤으로만 제한한 점이나 공연 유형을 사람들이 자주 찾는 뮤지컬/연극/가족으로 제한한 점, 티켓 가격을 자주 검색하는 조건으로 선택하게 한 점은 UX 측면에서 높이 살 만하다.

출처: TodayTix

상품 유형별 진행

하나가 아닌 여러 가지 상품 유형을 제공하는 서비스의 경우에는 첫 화면에서 상품 유형을 먼저 선택하고 각 상품 유형에 맞는 조건 검색이 시작된다. 다음의 마이리얼트립 예시에서 보듯이 상품 유형별로 각기 다른 방식의 조건 검색이 진행된다. 각 상품 유형이 갖는 특징이 UX 면에서 더 중요하기 때문에 상품 유형과 관계없이 '해당 서비스만의 일관된 조건 검색 방식'을 만든다는 것은 전혀 의미가 없다. 물론 콘셉트에 해당하는 '탐색 경로(funnel) 결정'은 하나로 통일하는 게 좋다.

마이리얼트립에서의 상품 유형별 진행 예시

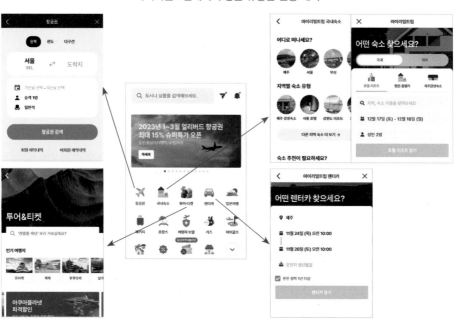

출처: 마이리얼트립

마이리얼트립은 전체적으로 무난한 UX이지만, 국내 숙소 선택 시 조건 검색에 앞서 또 하나의 선택 화면을 거쳐야 하는 것은 바람직해 보이지 않는다. 하나 이상의 선택지를 거쳐야 비로소 본인이 원하는 조건 검색을 할 수 있다는 것은 흐름이 느슨하게 여겨질 수 있다. 두 화면을 하나로 합쳐서 상단에 조건 검색, 하단에 추천 목적지, 숙소 유형을 놓는 것이 맞다.

상품 유형별 특징을 무시하고, 지나치게 일반화하면 오히려 IA 콘셉트(탐색 경로 결정)도 뒤죽박죽되어 버리고, 이용흐름도 이상해진다.

다음 예시는 카카오T에서 4가지 교통수단이 상품별 특징보다는 UI적인 통일성을 준수하면서 파생된 문제점(필요 이상으로 나열된 이용흐름)을 보여준다. 지나치게 일관된 UI를 고수하기보다는 각 상품 유형별 특징을 살려서 조건 검색을 제시했으면 더 좋았을 것이다. 한 시점에서 여러 상품 유형을 동시에 비교하는 사용자가 있다면 UI적인 통일성이 중요할 수 있다.

그러나 대부분 사용자는 한 시점에서 하나의 상품 유형만 선택하는 게 일반적이기 때문에 서비스 운영자가 생각하는 것만큼 일관성에 길들여질 필요를 못 느낀다. 이렇게 여러 가지 상품 유형을 제공할 때는 각 상품 유형별로 그곳을 찾는 사용자의 예상과 의도를 조건 검색에 반영하는 것이 더 바람직하다.

카카오T에서의 상품 유형별 진행 예시

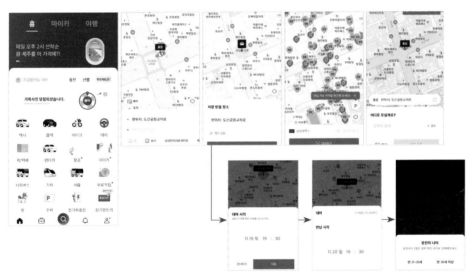

출처: 카카오T

상품 유형이 여러 개인 서비스에서의 일관성 준수

상품 유형이 여러 개인 서비스에서의 일관성을 고민할 때는 각 상품 유형 간 이동 빈도가 중요한 변수가 된다. 쇼핑몰과 같이 상품 유형 간 이동이 활발한 경우에는 일관성 준수가 매우 중요하다. 같은 시점에서 여러 상품 유형을 오가는 경우가 빈번하기 때문에 목록 화면, 상세정보 화면 등에서 일관성을 준수하는 게 필요하다. 그러나 위에서 살펴본 카카오T와 같이 같은 시점에서 상호 이동할 가능성이 크지 않은 서비스에서는 일관성보다는 각 상품 유형별로 차별화된 UX가 더 중요하다.

UX/UI
디자인
완벽 가이드:
IA와 유저 플로우 편

16

필터

> "사용자가 정교하게 무언가를 찾고자 하는데,
> 정작 그럴 수 있는 기능이 제공되지 않는다면?
> 아마 사용자는 결과 중에서
> 자신이 원하던 정보를 스스로 찾아볼 수밖에 없을 것이다.
> 필터는 사용자가 예상하는 복잡성, 감당할 수 있는 복잡성을 제공하는 기술이다."

복잡성 통제의 기술
필터의 특징
필터의 배치
필터의 개인화

복잡성 통제의 기술

실험심리학과 인간공학을 개척한 '윌리엄 에드먼드 힉'은 '선택지가 많으면 많을수록 의사결정을 내리는 오랜 시간이 걸린다'는 힉의 법칙(Hick's law)을 발표했다. 선택지가 줄수록 의사결정을 더 촉진할 수 있다고? 그렇다면 어느 정도가 적합할까? 이에 대한 답은 인지심리학의 창시자, '조지 A. 밀러'로부터 나왔다. '평균적으로 인간은 7±2 정도의 개체만 작동 기억(working memory)에 담을 수 있다'고 자신의 이름을 딴 법칙을 발표한 것이다. 뇌과학이 발전하면서 '7±2'라는 숫자에 대해서는 의견 차이가 존재했지만, 어찌 됐든 인간은 '손으로 꼽을 수 있을 정도의 선택지만 제시하는 게 바람직하다'는 잠정적인 결론이 받아들여졌다.

힉의 법칙과 밀러의 법칙을 설명하는 도식

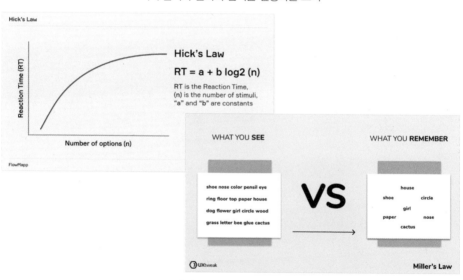

출처: flowmapp, UXtweak

그 후 애플에서 최초의 매킨토시를 만드는 데 기여(Lisa project)했던 컴퓨터 과학자 '래리 테슬러'는 '모든 디자인에는 줄일 수 없는 복잡성이 있다. 이를 지나치게 단순화할 경우에는 사용자가 의미 파악에 실패할 수 있다'는 주장을 내놓는다. 테슬러의 주장은 일반적인 참고 정도에 머무르던 힉이나 밀러의 법칙에 대해 보다 근본적인 성찰을 불러일으켰다. 무조건 줄이는 게 능사가 아니라, 제품/서비스가 허용하는 적당한 타협점을 찾아야 한다. 그것이야말로 'UX 디자인이 해야 하는 역할'이다.

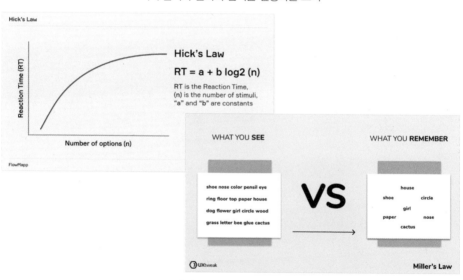

줄일 수 없는 복잡성을 마음대로 줄였다가는 사용자의 고충을 초래한다

출처: Victor Chen, Money Supermarket

지나친 단순화는 사용자의 불편을 초래한다. 이것은 디지털 서비스에도 해당하는 이야기다. 사용자가 정교하게 무언가를 찾고자 하는데, 정작 그럴 수 있는 기능이 제공되지 않는다면? 아마 사용자는 결과 중에서 자신이 원하던 정보를 스스로 찾아볼 수밖에 없을 것이다. 필터는 사용자가 예상하는 복잡성, 감당할 수 있는 복잡성을 제공하는 기술이다. 물론 찾고자 하는 정보의 속성을 필터에 반영해야겠지만, 그 모든 속성을 전부 제공하거나 그중 '7±2' 정도만 제공하는 것은 속 편한 해결책일 수는 있어도 UX적으로 바람직한 접근 방법은 될 수 없다.

검색 vs. 필터 vs. 태그

검색, 필터, 태그는 탐색을 위한 도구라는 점은 똑같지만, 기능이 매우 다르다. 검색은 특정 키워드 또는 조건을 가지고 원하는 결과를 찾아가는 과정(searching)이라면, 필터는 주어진 결과에서 원하는 결과를 점점 좁히는 과정(narrowing)이고, 태그는 현재 맥락에 부합하지만 약간 다른 주제를 선택해서 그 주제의 영역으로 넘어서는 과정(berry picking)이다.

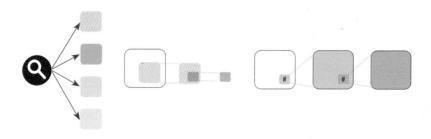

필터의 특징

필터는 정보 범위를 좁히는 데 사용되는 도구다. 그래서 목록 화면이나 검색 결과 화면에 주로 배치된다. 조건을 가지고 찾는다는 점에서는 앞 장에서 살펴본 '조건 검색'과 유사하지만, '조건 검색'은 아무것도 없는 가운데 정보를 찾는 것이 목적인 데 비해, 필터는 현재 눈앞에 보이는 정보를 좁히는 데 사용되는 도구라는 점이 다르다. 검색이나 필터는 디지털에만 존재하는 독특한 정보탐색 도구다. 서점에 가서 책을 찾을 때 컴퓨터의 도움 없이도 분류(메뉴), 색인(태그), 도서관 배치 안내(내비게이션)는 사용할 수 있지만, 검색이나 필터를 사용하는 것은 불가능하다.

따라서 좋은 필터 설계를 위해서는 다음과 같은 3가지 디지털 서비스 특징을 먼저 아는 것이 좋다.

1. 디지털 서비스는 정보 외에 메타데이터라고 부르는 정보 속성을 활용하는 데 있어 자유롭다.
2. 디지털 서비스는 사람들의 관심사를 통계적으로 파악해서 서비스에 반영할 수 있다.
3. 디지털 서비스는 각 개인의 취향과 관심사를 알아내서 서비스에 반영할 수 있다.

필터는 보통 '메타데이터'라고도 부르는 정보의 속성을 이용한다. 앞 장에서 예시로 거론된 '숙박' 정보에는 가격, 성급, 시설, 식사, 침대, 위치 등의 기본 속성이 필터로 많이 활용된다. 이 밖에 사용자 평점, 취소 정책, 할인 %, 지불방법, 주차 가능 여부, 주변 관광지 등이 활용되기도 한다.

부킹닷컴에서의 필터 예시

출처: 부킹닷컴

필터는 서비스가 다루는 정보의 속성을 정확하고 구체적으로 반영해야 한다. 사용자가 정보를 선택하는 데 있어서 중요시하는 기준은 각자 다르기 때문이다. 그러나 너무 많은 필터는 정보 탐색을 더디게 만들고, 한정된 화면 내에 모두 담기 어려울 수 있으므로 적절한 '복잡성 통제'가 필요하다. 너무 많으면 사용성이 떨어지고, 그렇다고 필요한 것을 빼 버리면 유용성이 저하된다.

필터는 찾고자 하는 정보가 명확한 경우에 사용되는 탐색 도구다. 사용자 개인의 취향과 기준이 반영되기도 하지만, 해당 정보에 대한 사회적 동의가 반영될 필요도 있다. 이전에 선택했던 필터가 재방문 시 기본 반영됐거나 사람들이 자주 사용하는 필터는 접근성을 더 높일 수 있다.

스카이스캐너는 항공편 예약 시 사람들이 자주 사용하는 경유, 출발 시간대, 총 소요 시간을 다른 필터보다 더 접근하기 쉽게 배치하고 있다. 그러나 자주 사용하거나 이전에 사용했던 필터는 반영되어 있지 않아서 매번 방문 시 일일이 필터를 적용해야 한다.

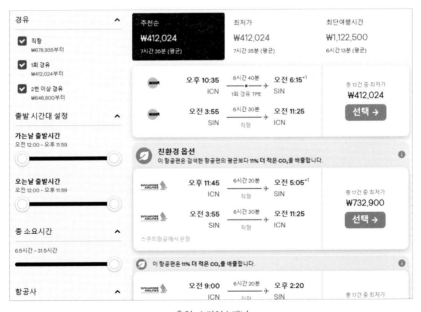

출처: 스카이스캐너

좋은 필터 설계를 위해서는 복잡성 통제, 사회적 관심사, 개인 취향이 잘 고려됨과 더불어 각 항목을 어떤 순서로 배치할 것인가, 항목별 인터랙션을 어떻게 제공할 것인가도 함께 고민해야 한다.

투자 서비스인 퀀트랙은 기본 필터 외에 투자 시 도움되는 조건들을 태그로 제시한다

출처: 퀀트랙(Quantrack)

필터의 배치

필터는 눈앞에 보이는 정보를 좁히는 목적으로 사용되기 때문에 보통 결과 상단에 위치한다. 사람들이 자주 사용하는 기본 필터나 정렬(sort)은 목록 상단에 노출하고, 나머지 필터들은 숨김 처리한다.

결과와 관계없이 단독으로 존재하는 필터 예시

출처: 모두의 충전(Evmodu)

필터가 서비스 탐색 전반에 걸쳐서 영향을 미치는 경우에는 필터 설정이 단독으로 존재하는 경우도 있다. 위에서 예시로 든 '모두의 충전(Evmodu)' 서비스는 전기차 충전소 탐색이 서비스의 목적이다. 그런데 사용자 본인의 보유 차량 조건에 따라서 찾아야 하는 충전소가 달라지기 때문에 애초에 필터 자체를 (검색 결과나 목록 화면과) 별도로 분리해 놓았다.

기본 필터와 상세 필터

복잡성 통제의 딜레마는 자주 사용되는 기본 필터는 노출하고, 그 밖의 상세 필터는 숨김 처리하는 식으로 해결한다. 이는 중요한 메뉴만 상단에 노출하는 내비게이션 설계와 유사한 면이 있다.

기본 필터와 상세 필터의 형태

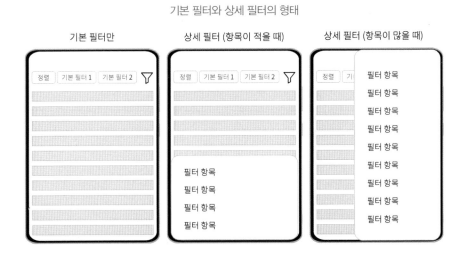

기본 필터는 1) 일반적으로 중요하다고 판단되거나, 2) 통계적으로 사람들이 많이 사용하거나, 3) 현재 접속한 사용자가 이전에 사용했던 것들이 주로 활용된다. 최근에는 개인화의 중요도가 높아지면서 '사용자가 이전에 사용했던 것이나 사용했던 빈도가 높은 항목'을 기본 필터로 제시하는 경우가 늘어나고 있지만, 아직 대부분 서비스는 '일반적으로 중요하다고 판단되는 항목'을 기본 필터로 제공한다.

기본 필터 예시

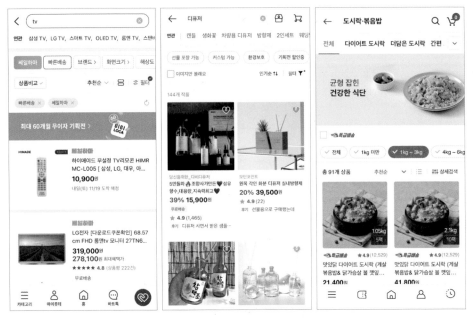

출처: 하이마트, 아이디어스, 랭킹닭컴

상세 필터의 존재 때문에 기본 필터를 가볍게 여기는 경우가 많은데, 사용자는 기본 필터를 필터의 전부라고 여기는 경우도 많다. 따라서 신중하게 각 상품의 특징을 잘 반영할 수 있는 항목을 선택해야 한다. 기본 필터는 인터랙션도 간단한 게 좋다. 항목을 탭했더니 별도의 팝업창이나 보텀시트가 뜨는 것보다는 토글(toggle) 형태로 선택/선택 해제를 오갈 수 있거나 선택 값이 아래로 풀다운돼서 쉽게 선택할 수 있는 방식이 바람직하다. 예시의 왼쪽 하이마트는 '브랜드, 화면 크기, 해상도' 등을 탭 하면 그 자리에서 바로 선택할 수 있는 게 아니라, 상세필터가 펼쳐진다. 중앙의 아이디어스는 토글 형태로 간단하게 필터를 선택/선택 해제할 수 있다. 오른쪽의 랭킹닭컴도 그런 형태인데, 랭킹닭컴의 경우에는 기본 필터를 무게로만 지정해서 유형이나 다른 조건으로 필터링하고 싶어 하는 사용자의 니즈를 반영하지 못하고 있다.

검색과 필터가 결합된 예시

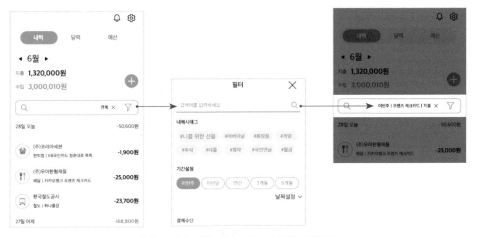

출처: 라이트브레인 UX아카데미 19기 '뱅크샐러드'조

위에 예시로 든 뱅크샐러드 검색 화면에서는 필터가 검색창과 같이 붙어 있다. 사용자가 키워드 입력 전에 필터 아이콘을 누르면 '필터 선택 화면'으로 이동하고, 여기에서 선택한 필터가 반영된 상태에서 이전 검색 화면으로 돌아간다.

정보 탐색에 대한 목적의식이 좀 더 분명한 서비스, 종합 쇼핑몰이나 다음에 예시로 든 가격 비교 서비스에서는 다른 서비스에 비해 필터의 역할이 크기 때문에 기본 필터조차도 간단하지 않은 편이다.

복잡한 형태의 기본 필터

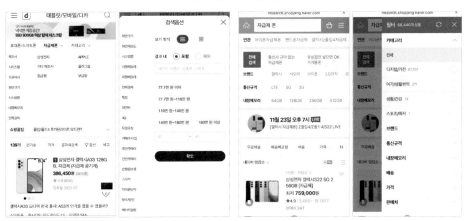

출처: 다나와, 네이버쇼핑

정렬과 필터

정보 순서를 바꾸는 정렬은 정보 범위를 좁히는 필터와 항상 같이 따라다닌다. 일부 서비스는 이 둘의 기능적 차이를 무시하고 둘 다 필터로 부르기도 한다. AND와 OR 조건이 경우에 따라 다르게 적용되는 필터와 달리 정렬은 OR 조건만 존재한다. 가격순으로 볼 것인지, 날짜순으로 볼 것인지 하나만 선택할 수 있다는 뜻이다. 따라서 정렬은 개별 항목을 나열하지 않고, 하나의 UI 요소로 제공하는 경우가 많다.

필터와 정렬의 조건

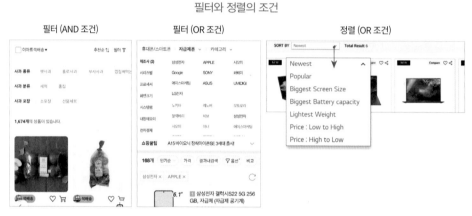

출처: 이마트몰, 다나와, 베스트바이

AND 필터는 조건을 선택하면 할수록 결과가 정교해지는 반면, OR 필터는 최초 선택된 조건에 새로운 조건이 추가되면서 결과가 점차 늘어나는 방식이다. 이에 비해 정렬은 OR 조건만이 가능하다. 다시 말해 여러 가지 정렬 방식 중 하나만 선택할 수 있다는 것이다. 일반적으로 많이 사용되는 정렬 방식에는 인기순(Popular), 최신순(Newest), 평점순이 있으며, 여기에 각 서비스/정보의 특징을 반영한 고유한 정렬 방식이 추가되기도 한다. 정렬과 필터는 비슷해 보이면서도 서로의 역할에 차이가 있어서 정렬 방식과 필터 항목 간에 중복이 존재하지는 않는다. 그러나 정렬-필터 간에 상호 간섭이 존재하는 경우는 간혹 찾아볼 수 있다.

AND 필터와 OR 필터

대부분 필터는 AND 조건으로 선택한 값에 의해 결과가 정교해진다. 예를 들어 '사과 종류=햇사과', '사과 분류=세척', '사과 포장=소포장'이라고 선택하면 3가지 조건을 모두 충족하는 결과(소포장된 세척 햇사과)만 뜨는 것이다. 그러나 동일 항목에서 서로 다른 값을 선택할 경우에는 AND 필터를 적용할 수 없다. 예를 들어 '휴대폰 제조사=삼성, 애플'을 같이 선택했다면 이 두 값을 모두 만족시키는 결과는 없을 것이다. 그래서 동일 항목에서 서로 다른 값들을 선택할 경우에는 OR 조건이 적용돼서 결과가 점차 늘어나는 게 맞다. 삼성의 휴대폰과 애플의 휴대폰이 같이 나타나는 식으로 말이다.

정렬과 그 최적 결과를 같이 보여주는 예시

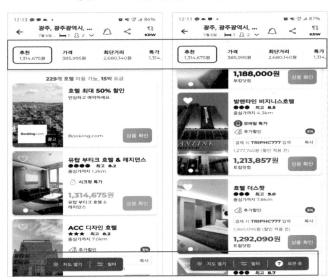

출처: 호텔스컴바인

위에 예시로 든 호텔스컴바인에서는 목록 상단에 각 정렬 기능을 나열하고 있는데, 정렬 방식별로 결과(예: 추천순 정렬 시 1,314,675원)를 같이 보여줘서 사용자들의 선택을 돕는다. 특정 정렬 조건을 선택하기에 앞서 그 결과를 미리 볼 수 있는 것이다. 이렇게 예측 가능성을 높인 것은 좋은 UX지만, 목록 상단에 위치할 만한 다른 기능(필터, 태그)이 희생됐다는 점을 주목할 필요가 있다. 목록 상단에 있어야 할 필터가 하단에 배치됐고, 목록 탐색 시 도움이 될 수 있는 태그는 아예 찾아볼 수 없다.

필터의 개인화

사용자는 관여도가 높은 서비스에서 같은 행동을 반복할 경우 불만이 높아질 수 있다. 매번 필터링하지 않아도 처음에 설정한 조건이 자동으로 적용되면 좋은 UX를 제공할 수 있다. 특히 같은 의도로 재방문하는 경우가 높은 금융, 예약, 쇼핑 서비스 등에서는 필터 개인화가 중요하다.

필터 개인화 및 인기 필터 예시

출처: 부킹닷컴

자주 사용하는 필터를 저장해서 이후 방문했을 때 다시 그것을 사용하는 것뿐만 아니라, 필터 개인화를 이용하면 좀 더 고도화된 '사용자주도권'을 형성하는 게 가능하다. 필터는 각 사용자의 의도, 취향, 관심사를 반영하기 때문이다. 사용자가 직접 자신의 관심사를 필터 설정을 통해서 반영하고, 이를 저장할 수 있다면 탐색 과정뿐만 아니라, 개인화/추천에도 이를 활용할 수 있다.

필터 개인화 예시

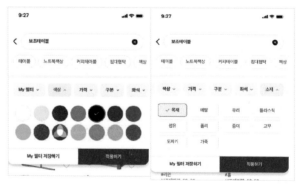

출처: 라이트브레인 UX아카데미 19기 '이케아'조

앞의 예시는 이케아 앱에서의 마이필터 적용 및 저장 과정을 보여준다. 여러 필터 항목에 대해서 그때마다 적용할 수도 있지만, 한번 저장해 놓으면 나중에 두고두고 활용할수 있다. 다음의 지마켓 '필터 프리셋' 예시는 필터 개인화와는 달리, 다른 사용자들이 지정한 필터를 불러올 수 있는 기능이다. 현재 테마에 맞는 다른 사용자의 필터(예: 연령대가 비슷한 유저)를 적용하면 빠르게 상품 범위를 좁힐 수 있다.

필터 큐레이션 예시

출처: 라이트브레인 UX아카데미 19기 '지마켓'조

다음 예시는 네이버쇼핑에서의 맞춤추천 필터다. 사용자의 취향을 분석하여 (군이 본인이 직접 필터를 설정하지 않아도) 사용자에게 가장 잘 맞는 추천 키워드/레시피를 제공한다.

필터와 추천이 결합된 예시

출처: 라이트브레인 UX아카데미 18기 '네이버쇼핑'조

필터 개인화의 마지막 예시로 어떤 쇼핑몰을 예시로 라이트브레인에서 설계한 필터 개인화 시나리오를 소개한다.

시나리오 1. 마이 필터 설정 후 목록 화면에서 자신만의 필터 적용

❶ 사용자가 '마이 필터'를 설정한다. 본인뿐만 아니라, 본인 가족의 필터도 설정 가능하다. 여러 카테고리(예: 건강/맛)에 걸쳐 상세하게 사용자의 취향/관심사를 반영한다.

❷ 이후 특정 목록 화면에 진입했을 때 목록 상단에 기존에 설정한 '마이 필터'를 누르면 자동으로 목록이 필터링된다. 본인 외에 다른 가족 구성원의 필터까지 보여서 구성원을 선택할수록 & 조건이 적용되면서 좀 더 까다롭게 목록에 있는 상품 가짓수를 좁힐 수 있다.

시나리오 2. 마이 필터를 통한 추천

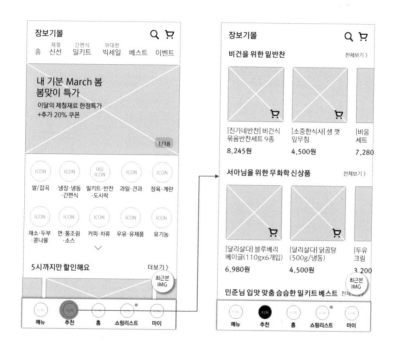

❶ 추천 메뉴에 들어가면 이미 설정해놓은 '마이 필터' 항목에 따라 상품들이 추천된다.

❷ 추천은 구매 주기나 이전 구매 이력 등과 결합되어 교체 주기가 짧은 분유, 기저귀, 우유, 신선식품의 경우에는 더 자주 제시되고, 일반적인 상품의 경우에는 '마이 필터'를 통해 취향, 관심사를 반영해서 추천된다(예: 비건을 위한 밑반찬)

다음은 개인화된 필터를 이용하여 상품 목록을 정렬하거나 구매하려는 옷의 사이즈를 정하는 예시다.

필터/정렬 개인화 예시

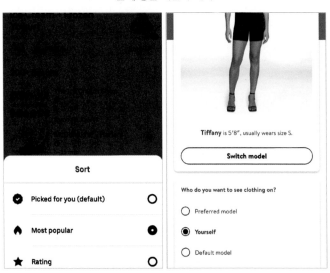

출처: Uber eats, Walmart, From Mobbin

필터 개인화는 여러 면에서 활용될 수 있다. 또한 서비스에 대한 지속적인 이용 동기를 부여한다는 측면에서도 바람직하다. 문제는 어떻게 사용자로 하여금 그들의 개인 데이터를 남기게 해서 '자연스럽게 서비스 개입(Engagement)을 늘릴 것인가'이다. 사용자가 자신의 취향/관심사를 남기게 하기 위해서는 일단 '매번 똑같은 항목을 설정하지 않아도 자동으로 해준다'는 작은 가치에서 출발하여 점차 사용자가 본인의 취향/관심사를 밝히게끔 해야 한다.

17

태그

"태그는 쉽고 부담 없이 특정 주제의 영역으로 사용자를 인도한다.
아주 작은 영역만 차지하는 데도 하나의 정보가 아닌, 여러 개의 정보로 연결해준다.
그것을 사용하는 것 자체가 사용자의 취향과 관심사를 대변해준다.
다시 말해 사용자를 알 수 있는 훌륭한 데이터로 작용한다.
태그는 사용자 친화적일 뿐만 아니라, AI 친화적이다.
결과적으로 사용자에게 세심한 경험을 제공하는 촉매제가 될 수 있다."

태그의 장점

태그가 디지털 서비스에서 처음 사용되기 시작한 것은 1970년대, 특수한 주제 또는 상징을 강조하기 위해서였다. 우리가 알고 있는 해시 태그(#)는 미국의 블로거인 크리스 매시나가 2007년 8월 트위터상에서 자신의 글을 특정 주제(topic)로 알리기 위해서 만들어졌다. 지금 태그는 정보의 바다를 탐험하는 중요한 키 역할을 한다. 트위터, 인스타그램, 유튜브, 틱톡 같은 서비스에서 많은 사용자가 태그를 통해 정보를 탐색하고, 본인이 올리는 콘텐츠에 태그를 붙여서 더 많은 사람이 그것에 관심 갖기를 기대한다.

해시 태그 이용 방법

이얄 카츠가 올린 (트위터, 인스타그램, 페이스북, 링크드인에서의) 해시 태그 이용 방법을 소개한다.

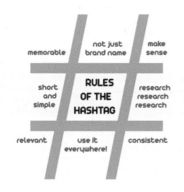

- 기억하기 쉬워야 한다.
- 브랜드 이름뿐만 아니라 다른 것도 사용한다.
- 이해가 쉬워야 한다.
- 짧고 간결해야 한다.
- 어떤 것이 쓰이고 있는지 조사한다.
- 콘텐츠 내용과 관련돼야 한다.
- 어디든 사용한다.
- 일관성을 지킨다.

SNS를 중심으로 해시 태그가 보편적으로 사용되기 시작하면서 태그의 가능성에 눈을 뜬 일부 서비스는 '태그'라는 새로운 탐색 도구를 자기 서비스에 적극적으로 활용하기 시작한다.

- 실시간 인기 검색어나 연관 검색어를 인기 태그로 대체한다.
- 추천 정보, 프로모션, 이벤트 등을 더 짧고 간결한 태그로 전환하여 UI상에서의 부담감을 줄인다.
- 추천이나 개인화와 관련된 영역에서 개별 정보 외에 태그도 함께 배치해서 하나의 정보가 아닌, 여러 개의 정보로 연결을 매개한다.
- 태그를 통해 해당 콘텐츠의 성격을 빠르게 파악한다. 그중 하나를 선택하면 관련 주제(topic)로 자연스럽게 이동할 수 있다.

태그의 진화 과정

| 검색어 대체 | ➡ | 트렌드, 인기도 반영 | ➡ | 추천, 개인화 용도 | ➡ | 유기적인 연결 매개체 |

기존에 태그가 가졌던 문제점이었던 '무작위적'이고 '비체계적', '우연적'이라는 성격은 태그 노출 시 사용자 관심사나 트렌드를 반영하고 좀 더 맥락을 반영하게 되면서 많이 개선됐다. 태그는 쉽고 부담 없이 특정 주제 영역으로 사용자를 인도한다. 아주 작은 영역만 차지하는 데도 하나의 정보가 아닌, 여러 개의 정보로 연결해준다. 그것을 사용하는 것 자체가 사용자의 취향과 관심사를 대변해준다. 다시 말해 사용자를 알 수 있는 훌륭한 데이터로 작용한다. 태그는 사용자 친화적일 뿐만 아니라, AI 친화적이다. 결과적으로 사용자에게 세심한 경험을 제공하는 촉매제가 될 수 있다.

리뷰에 사용된 태그

출처: 라이트브레인 UX 아카데미 20기 '쿠팡이츠'조

위 예시는 배달 서비스인 쿠팡이츠 리뷰 화면에 태그를 적용하여 사용자들이 좀 더 쉽게 원하는 리뷰 글만 볼 수 있게 한 것이다. 사용자 조사를 통해서 파악된 문제는 다음과 같았다.

"리뷰에 들어갔는데 지금 주문하려는 음식 리뷰를 찾아보려면 한참 시간이 걸려요."

그래서 리뷰 상단에 2가지 분류(메뉴 특징)로 태그를 제공하여 선택한 태그에 해당하는 리뷰만 골라볼 수 있게 한 것이다. 이때 사용된 태그는 일종의 필터 역할을 수행한다. (이렇게 태그와 필터가 결합된 방식을 'Hybrid Dual List'라고 부른다.)

큐레이션 태그

탐색 경로에 미리 태그들을 배치하여 사용자의 탐색 경험을 보조하는 것을 큐레이션 태그라고 한다. 큐레이션 태그는 사용자가 아닌, 서비스 운영자에 의해 만들어지고 관리된다. 해당 정보에 대해 사람들이 갖는 관심사를 미리 파악해서 큐레이션 태그로 만드는 것도 중요하지만, 반응이 시원치 않은 태그를 다른 것으로 교체하는 일도 중요하다.

다음은 검색 화면이나 목록 화면에서 큐레이션 태그를 사용하여 사용자들이 검색어를 대신하거나 목록 내 결과를 본인이 원하는 주제로 좁힐 수 있는 예시들이다. 큐레이션 태그는 정보 이동의 역할뿐만 아니라, 필터링의 역할을 할 때도 많다. 특히 목록 화면 상단에 배치된 큐레이션 태그는 거의 필터와 다름없이 기능한다.

큐레이션 태그

출처: Wealthsimple, Whatnot, Greg, From mobbin

다음은 앞에서 살펴본 쿠팡이츠 홈 화면에 적용된 큐레이션 태그 예시다. 추천 콘텐츠 목록에서 큐레이션 태그를 선택하면 그 즉시 선택한 태그들에 해당하는 목록으로 변경된다. 홈 화면의 제한된 영역 내에서 보여줄 수 있는 콘텐츠가 제한되기 마련인데, 이런 큐레이션 태그에 사용자의 선택을 개입시켜서 추천의 효용성을 더 높일 수 있다.

큐레이션 태그 예시

출처: 라이트브레인 UX 아카데미 20기 '쿠팡이츠'조

연결 태그

'4장 연결 매개체'에서 봤던 비체계적으로 정보와 정보를 연결해주는 역할을 하는 태그다. 보통 정보 상세화면이나 개인/기업/브랜드/판매자 정보 화면에 위치하면서 현재 보고 있는 정보와 주제가 유사하거나 현재 정보의 하위 정보(속성)를 나타낼 때 사용된다. 다음 예시 중에 오른쪽 Ulta Beauty 상품 상세화면의 경우 기존 구매자 리뷰로부터 해당 상품의 장점(PROS)과 단점(CONS)을 태그 형태로 간략하게 제시하고 있어 굳이 자세하게 리뷰 내용을 살펴보지 않아도 다른 사람들의 평가를 빠르게 알 수 있다. (태그를 누르면 당연히 태그와 관련된 리뷰로 연결된다.)

연결 태그

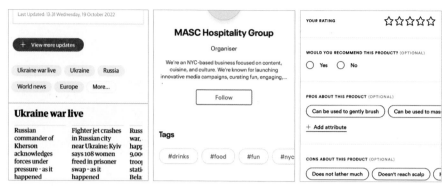

출처: The Guardian, Eventbrite, Ulta Beauty, From mobbin

인터랙티브 태그 & 칩

사용자에게 질문을 던지고, 질문에 대한 답을 태그 형태로 받을 때 사용하는 태그로, 손쉽게 선택/취소가 가능하다는 면에서 '칩(Chip)'이라고 불리기도 한다. 사용자와 서비스가 아주 간편하게 상호작용할 수 있기 때문에 사용자 의도, 취향, 관심사를 파악할 때 주로 많이 사용된다.

쉽고 간편하다는 장점이 있는 반면, 사용자에게 제시하는 선택지가 제한될 수밖에 없기 때문에 논리적/체계적인 이용흐름에서는 적용하기가 힘들다.

인터랙티브 태그 & 칩

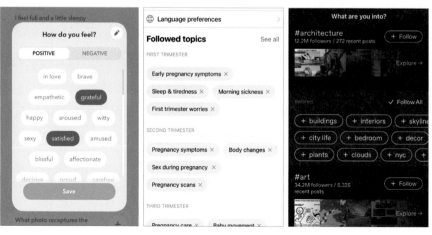

출처: Breeze, Peanut, Tumblr, From mobbin

다음 예시는 네이버지도의 개인화된 경로 추천 과정을 보여준다. 개인화된 경로 추천을 가능하게 하려면 이전에 이용했던 경로에 대해 사용자 피드백이 필요한데, 인터랙티브 태그 형식으로 그것을 요청하고 있다. 이러한 사용자 피드백이 누적되면 이후에는 사용자의 경로 취향을 반영한 '개인화된 경로 추천'이 가능해진다.

네이버지도 개인화된 경로 추천에서의 인터랙티브 태그 사용 예시

출처: 라이트브레인 UX아카데미 20기 '네이버지도'조

유기적인 연결 매개체

현재 태그는 정보와 정보를 연결해주는 수단으로 매우 다양하게 사용된다. 우리가 일반적으로 알고 있는 쓰임새 이외에 매우 색다른 형태로 활용되고 있기도 하다. 다음 시나리오는 인스타그램 태그 활용 개선방안을 담고 있다.

시나리오 1. 게시물 작성 시 태그 추천, 자주 쓰는 태그 묶음 저장

❶ 새 게시물 작성 시 등록한 사진, 글로부터 태그를 추출하여 제안해준다.

❷ 자주 쓰는 태그를 누르면 이전에 자주 사용했거나 저장했던 태그 묶음을 볼 수 있다.

시나리오 2. 릴스에서의 태그 검색

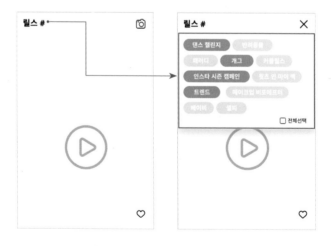

❶ 릴스 시청 중에 콘텐츠 제목 열에 있는 태그 아이콘(#)을 누르면 해당 릴스 콘텐츠와 관련된 태그 목록이 뜬다.

❷ 이 중에서 사용자가 태그를 선택하면 선택된 태그에 해당하는 릴스 목록으로 이동한다.

memo